中华人民共和国
新法规汇编

2020
第2辑

司 法 部 编

中国法制出版社

编辑说明

一、《中华人民共和国新法规汇编》是国家出版的法律、行政法规汇编正式版本，是刊登报国务院备案并予以登记的部门规章的指定出版物。

二、本汇编收集的内容包括：上一个月内由全国人民代表大会及其常务委员会通过的法律和有关法律问题的决定，国务院公布的行政法规和国务院文件，报国务院备案并予以登记的部门规章，最高人民法院和最高人民检察院公布的司法解释。另外，还收入了上一个月内报国务院备案并予以登记的地方性法规和地方政府规章目录。

三、本汇编所收的内容，按下列分类顺序编排：法律，行政法规，国务院文件，国务院部门规章，司法解释。每类中按公布的时间顺序排列。报国务院备案并予以登记的地方性法规和地方政府规章目录按 1987 年国务院批准的行政区划顺序排列；同一行政区域报备两件以上者，按公布时间顺序排列。

四、本汇编每年出版 12 辑，每月出版 1 辑。本辑为 2020 年度第 2 辑，收入 2020 年 1 月份内公布的国务院文件 2 件、报国务院备案并经审查予以登记编号的部门规章 24 件、司法解释 4 件，补收 2019 年 12 月份内公布的国务院文件 5 件、司法解释 4 件，共计 39 件。

五、本汇编在编辑出版过程中，得到了国务院有关部门和有关方面以及广大读者的大力支持和协助，在此谨致谢意。

司法部

2020 年 2 月

目　录

编辑说明 ………………………………………………………… (*1*)

国务院文件

国务院办公厅关于全面推进基层政务公开标准化规范化工作的指导意见 ………………………………………… (1)
国务院办公厅关于印发中央预算单位政府集中采购目录及标准（2020 年版）的通知 ……………………… (6)
国务院办公厅关于加强农业种质资源保护与利用的意见 …… (9)
国务院办公厅关于印发国家政务信息化项目建设管理办法的通知 …………………………………………… (12)
国务院办公厅关于支持国家级新区深化改革创新加快推动高质量发展的指导意见 ………………………… (21)
国务院关于 2019 年度国家科学技术奖励的决定 ………… (27)
国务院办公厅关于推广第三批支持创新相关改革举措的通知 …………………………………………………… (28)

国务院部门规章

中央企业负责人经营业绩考核办法 …………………………… (35)
水利部关于修改部分规章的决定 ……………………………… (44)
自然资源行政复议规定 ………………………………………… (45)
自然资源行政应诉规定 ………………………………………… (55)

关于《期货交易管理条例》第七十条第五项“其他操纵期货交易价格行为”的规定 …………………………（61）
宗教团体管理办法 ……………………………………………（62）
生活垃圾焚烧发电厂自动监测数据应用管理规定 …………（69）
公安机关鉴定机构登记管理办法 ……………………………（74）
公安机关鉴定人登记管理办法 ………………………………（81）
政府采购信息发布管理办法 …………………………………（87）
国家级非物质文化遗产代表性传承人认定与管理办法 ……（90）
航道工程建设管理规定 ………………………………………（95）
港口和船舶岸电管理办法 ……………………………………（113）
人力资源社会保障部关于修改部分规章的决定 ……………（118）
网络信息内容生态治理规定 …………………………………（119）
交通运输部、工业和信息化部、公安部、商务部、市场监管总局、国家网信办关于修改《网络预约出租汽车经营服务管理暂行办法》的决定 ……………………（127）
网络预约出租汽车经营服务管理暂行办法 ………………（128）
人力资源社会保障部关于修改部分规章的决定 ……………（141）
市场监督管理执法监督暂行规定 ……………………………（144）
对外援助标识使用管理办法 …………………………………（150）
邮政业寄递安全监督管理办法 ………………………………（155）
食盐质量安全监督管理办法 …………………………………（161）
食品生产许可管理办法 ………………………………………（166）
民用航空器事件调查规定 ……………………………………（178）
强制性国家标准管理办法 ……………………………………（195）

司法解释

最高人民法院、国家发展和改革委员会、司法部关于深入开展价格争议纠纷调解工作的意见 ……………………（205）

最高人民法院关于在执行工作中进一步强化善意文明执行理念的意见 …………………………………… (208)
最高人民法院、司法部、中华全国律师协会印发《关于深入推进律师参与人民法院执行工作的意见》的通知 …………………………………………………… (219)
最高人民法院、司法部、中华全国律师协会关于深入推进律师参与人民法院执行工作的意见 …………… (220)
最高人民法院、最高人民检察院、公安部关于依法惩治袭警违法犯罪行为的指导意见 ……………………… (227)
最高人民法院关于修改《关于内地与澳门特别行政区法院就民商事案件相互委托送达司法文书和调取证据的安排》的决定 ……………………………………… (230)
最高人民法院关于内地与澳门特别行政区法院就民商事案件相互委托送达司法文书和调取证据的安排 … (233)
最高人民法院关于进一步完善委派调解机制的指导意见 … (238)
最高人民法院关于印发《民事诉讼程序繁简分流改革试点方案》的通知 ……………………………………… (241)
民事诉讼程序繁简分流改革试点方案 ………………… (242)
最高人民法院关于印发《民事诉讼程序繁简分流改革试点实施办法》的通知 ………………………………… (245)
民事诉讼程序繁简分流改革试点实施办法 …………… (246)

附：

2020 年 1 月份报国务院备案并予以登记的地方性法规、自治条例、单行条例和地方政府规章目录 ………… (255)

国务院文件

国务院办公厅关于全面推进基层政务公开标准化规范化工作的指导意见

（2019 年 12 月 26 日　国办发〔2019〕54 号）

基层政府直接联系服务人民群众，是党中央、国务院决策部署的重要执行者。全面推进基层政务公开，对于坚持和完善基层民主制度，密切党和政府同人民群众联系，加强基层行政权力监督制约，提升基层政府治理能力具有重要意义。近年来，各地区、各部门不断深化基层政务公开，100 个县（市、区）积极开展基层政务公开标准化规范化试点工作，着力解决基层政府存在的公开随意性大、公开内容质量不高、公开平台不统一、解读回应不到位、办事服务不透明等问题，形成了一批可复制可推广的经验做法。为转化推广试点成果，全面推进基层政务公开标准化规范化工作，经国务院同意，现提出如下意见。

一、总体要求

（一）指导思想。

以习近平新时代中国特色社会主义思想为指导，全面贯彻党的十九大和十九届二中、三中、四中全会精神，深入落实党中央、国务院有关决策部署和政府信息公开条例，坚持以人民为中心的发展思想，准确把握新时代政务公开工作的职责定位和面临的新形势新要求，着力加强基层政务公开标准化规范化建设，全面推进基层政务决策公开、执行公开、管理公开、服务公开、结果公开，推动基层政务公开全覆盖，让公开成为自觉、透明成为常态，依法保障人民群众知情权、参与权、表达权、监督权，为不断增强政府公信力执行力、深化“放管服”改革、优化营商环境、加快法治政府和服务型政府建设提供重要支撑。

（二）基本原则。

坚持标准引领。充分运用基层政务公开标准化规范化试点成果，以全国统一、系统完备的基层政务公开标准体系为引领，健全公开制度，规范公开行为，提升公开质量。

坚持需求导向。紧贴市场主体和人民群众实际需求，全方位回应公众关切，涉及群众切身利益的事项必须应公开尽公开，增强基层政务公开的针对性、实效性，真正让群众能看到、易获取、用得上。

坚持依法依规。运用法治思维和法治方式全面推进基层政务公开标准化规范化，严格执行政府信息公开条例和有关法律法规，履行政务公开法定职责。

坚持改革创新。积极推行“互联网＋政务”，全链条加强政府信息管理，在集成发布、精准推送、智能查询、管理利用等方面探索创新。

（三）工作目标。

到2023年，基本建成全国统一的基层政务公开标准体系，覆盖基层政府行政权力运行全过程和政务服务全流程，基层政务公开标准化规范化水平大幅提高，基层政府政务公开工作机制、公开平台、专业队伍进一步健全完善，政务公开的能力和水平显著提升。

二、主要任务

（四）全面落实试点领域标准指引。基层政府（包括县、不设区的市、市辖区人民政府和乡镇人民政府、街道办事处）要对照国务院部门制定的国土空间规划、重大建设项目、公共资源交易、财政预决算、安全生产、税收管理、征地补偿、国有土地上房屋征收、保障性住房、农村危房改造、环境保护、公共文化服务、公共法律服务、扶贫、救灾、食品药品监管、城市综合执法、就业创业、社会保险、社会救助、养老服务、户籍管理、涉农补贴、义务教育、医疗卫生、市政服务等26个试点领域标准指引，结合本级政府权责清单和公共服务事项清单，全面梳理细化相关领域政务公开事项，于2020年底前编制完成本级政务公开事项标准目录，实行政务过程和结果全公开。目录至少应包括公开事项的名称、内容、依据、时限、主体、方式、渠道、公开对象等要素。编制目录要因地制宜、实事求是，体现地区和领域特点，避免公开事项及标准"一刀切"。

（五）编制完成其他领域标准指引。国务院部门要参照试点做法，结合本部门主要职责，确定涉及基层政务公开的其他领域，围绕公开什么、由谁公开、在哪公开、如何公开等内容，于2021年底前编制完成相关领域基层政务公开标准指引。同时，依据法律法规和本部门本系统职责变化情况，做好标准指引调整完善工作。国务院标准化主管部门要发挥专业优势，制定发布相关国家标准，指导基层政务公开标准指引的编制工作。省级政府要配合做好相关工作，督促指导基层政府抓好标准指引的落实。

（六）规范政务公开工作流程。基层政府要构建发布、解读、回应有序衔接的政务公开工作格局，优化政府信息管理、信息发布、解读回应、依申请公开、公众参与、监督考核等工作流程，并建立完善相关制度。探索将政务公开事项标准目录、标准规范嵌入部门业务系统，促进公开工作与其他业务工作融合发展。

（七）推进基层政务公开平台规范化。基层政府要加强政府信息资源的标准化、信息化管理，充分发挥政府门户网站、政务新媒体、政务公开栏等平台作用，更多运用信息化手段做好政务公开工作。县级政府门户网站作为政务公开第一平台，要集中发布本级政府及部门、乡镇（街道）应当主动公开的政府信息，开设统一的互动交流入口和在线办事入口，便利企业和群众。积极借助县级融媒体中心优势和渠道，扩大政府信息传播力和影响力。政务服务大厅、便民服务中心等场所要设立标识清楚、方便实用的政务公开专区，提供政府信息查询、信息公开申请、办事咨询答复等服务。

（八）完善基层行政决策公众参与机制。基层政府要结合职责权限和本地实际，明确公众参与行政决策的事项范围和方式，并向社会公开。对涉及人民群众切身利益、需要社会广泛知晓的公共政策措施、公共建设项目，要采取座谈会、听证会、实地走访、向社会公开征求意见、问卷调查、民意调查等多种方式，充分听取公众意见，扩大公众参与度，提高决策透明度。对社会普遍关心的问题要进行解释说明，政策实施、项目推进中要及时回应公众关切。完善利益相关方、群众代表、专家、媒体等列席政府有关会议制度，增进人民群众对政府工作的认同和支持。

（九）推进办事服务公开标准化。基层政府要立足直接服务人民群众的实际，通过线上线下全面准确公开政务服务事项、办事指南、办事流程、办事机构等信息。推行政务服务一次告知、信息主动推送等工作方式，让办事群众对事前准备清晰明了、事中进展实时掌握、事后结果及时获知。以为企业和群众"办好一件事"为标准，对办事服务信息加以集成、优化、简化，汇总编制办事一本通，并向社会公开，最大限度利企便民。

（十）健全解读回应工作机制。基层政府要及时传递党和国家相关政策，准确解读本地贯彻执行措施。认真落实政策解读方案、解读材料与政策文件同步组织、同步审签、同步部署工作机制，运用新闻发布会、吹风会、简明问答、图表图解、案例说明等多种方式，对涉及群众切身利益、影响市场预期等的重要政策进行解读，增进沟通，凝聚共识。针对政策实施和重大项目推进过程中出现的误解疑虑，要及时回应、解疑释惑。

（十一）推动基层政务公开标准化规范化向农村和社区延伸。基层政府要指导支持村（居）民委员会依法自治和公开属于自治范围内的事项。完善基层政务公开与村（居）务公开协同发展机制，使政务公开与村（居）务公开有效衔接、相同事项的公开内容对应一致。指导村（居）民委员会建立完善公开事项清单，通过村（居）

民微信群、益农信息社、公众号、信息公示栏等，重点公开脱贫攻坚、乡村振兴、村级财务、惠农政策、养老服务、社会救助等方面的内容，方便群众及时知晓和监督。

三、保障措施

（十二）加强组织领导。各地区、各部门要高度重视基层政务公开标准化规范化工作，按照各自职责任务，加强督促指导，防止形式主义、官僚主义，切实抓好贯彻落实。鼓励选择政务公开标准化规范化工作基础好的基层政府和部门，设立创新示范区和示范点，发挥典型引领作用。基层政府要切实担负起主体责任，精心组织实施，强化经费保障。建立完善基层政务公开工作主管部门与宣传、网信、政务服务、大数据管理、融媒体中心等单位的协调联动机制，形成推进政务公开标准化规范化的工作合力。

（十三）加强队伍建设。强化基层政务公开工作主管部门职责，明确工作机构和人员，确保基层政务公开工作有机构承担、有专人负责。加大教育培训力度，把政务公开特别是政府信息公开条例纳入基层领导干部和公务员教育培训内容，切实增强依法依规公开意识。组织开展业务培训、经验交流，不断提高基层政务公开工作人员能力和水平。

（十四）加强监督评价。各地区、各部门要把推进基层政务公开标准化规范化情况作为评价政务公开工作成效的重要内容，列入基层政府绩效考核指标体系。国务院部门要对本领域基层政务公开标准指引落实工作进行督促指导和跟踪评估，省级政府要加强对本地区推进基层政务公开标准化规范化工作的指导协调和监督检查，确保有序推进、取得实效。

国务院办公厅关于印发中央预算单位政府集中采购目录及标准（2020 年版）的通知

（2019 年 12 月 26 日　国办发〔2019〕55 号）

国务院各部委、各直属机构：

《中央预算单位政府集中采购目录及标准（2020 年版）》已经国务院同意，现印发给你们，请遵照执行。

《中央预算单位政府集中采购目录及标准（2020 年版）》自 2020 年 1 月 1 日起实施，2016 年 12 月 21 日印发的《中央预算单位 2017—2018 年政府集中采购目录及标准》同时废止。

中央预算单位政府集中采购目录及标准（2020 年版）

一、集中采购机构采购项目

以下项目必须按规定委托集中采购机构代理采购：

目录项目	适用范围	备　注
一、货物类		
台式计算机		不包括图形工作站
便携式计算机		不包括移动工作站
计算机软件		指非定制的通用商业软件，不包括行业专用软件
服务器		10 万元以下的系统集成项目除外
计算机网络设备		指单项或批量金额在 1 万元以上的网络交换机、网络路由器、网络存储设备、网络安全产品，10 万元以下的系统集成项目除外

续表

目录项目	适用范围	备注
复印机		不包括印刷机
视频会议系统及会议室音频系统		指单项或批量金额在20万元以上的视频会议多点控制器(MCU)、视频会议终端、视频会议系统管理平台、录播服务器、中控系统、会议室音频设备、信号处理设备、会议室视频显示设备、图像采集系统
多功能一体机		指单项或批量金额在5万元以上的多功能一体机
打印设备		指喷墨打印机、激光打印机、热式打印机,不包括针式打印机和条码专用打印机
扫描仪		指平板式扫描仪、高速文档扫描仪、书刊扫描仪和胶片扫描仪,不包括档案、工程专用的大幅面扫描仪
投影仪		指单项或批量金额在5万元以上的投影仪
复印纸	京内单位	不包括彩色复印纸
打印用通用耗材	京内单位	指非原厂生产的兼容耗材
乘用车		指轿车、越野车、商务车、皮卡,包含新能源汽车
客车		指小型客车、大中型客车,包含新能源汽车
电梯	京内单位	指单项或批量金额在100万元以上的电梯
空调机	京内单位	指除中央空调(包括冷水机组、溴化锂吸收式冷水机组、水源热泵机组等)、多联式空调(指由一台或多台室外机与多台室内机组成的空调机组)以外的空调
办公家具	京内单位	指单项或批量金额在20万元以上的木制或木制为主、钢制或钢制为主、铝制或铝制为主的家具
二、工程类		
限额内工程	京内单位	指投资预算在120万元以上的建设工程,适用招标投标法的建设工程项目除外
装修工程	京内单位	指投资预算在120万元以上,与建筑物、构筑物新建、改建、扩建无关的装修工程
拆除工程	京内单位	指投资预算在120万元以上,与建筑物、构筑物新建、改建、扩建无关的拆除工程

续表

目录项目	适用范围	备注
修缮工程	京内单位	指投资预算在120万元以上,与建筑物、构筑物新建、改建、扩建无关的修缮工程
三、服务类		
车辆维修保养及加油服务	京内单位	指在京内执行的车辆维修保养及加油服务
机动车保险服务	京内单位	
印刷服务	京内单位	指单项或批量金额在20万元以上的本单位文印部门(含本单位下设的出版部门)不能承担的票据、证书、期刊、文件、公文用纸、资料汇编、信封等印刷业务(不包括出版服务)
工程造价咨询服务	京内单位	指单项或批量金额在20万元以上的在京内执行的工程造价咨询服务
工程监理服务	京内单位	指单项或批量金额在20万元以上的在京内执行的建设工程(包括建筑物和构筑物的新建、改建、扩建、装修、拆除、修缮)项目的监理服务,适用招标投标法的工程监理服务项目除外
物业管理服务	京内单位	指单项或批量金额在100万元以上的本单位物业管理服务部门不能承担的在京内执行的机关办公场所水电供应、设备运行、建筑物门窗保养维护、保洁、保安、绿化养护等项目,多单位共用物业的物业管理服务除外
云计算服务		指单项或批量金额在100万元以上的基础设施服务(Infrastructure as a Service,IaaS),包括云主机、块存储、对象存储等,系统集成项目除外
互联网接入服务	京内单位	指单项或批量金额在20万元以上的互联网接入服务

注:①表中"适用范围"栏中未注明的,均适用于所有中央预算单位。

②表中所列项目不包括部门集中采购项目和中央高校、科研院所采购的科研仪器设备。

二、部门集中采购项目

部门集中采购项目是指部门或系统有特殊要求,需要由部门或系统统一配置的货物、工程和服务类专用项目。各中央预算单位可按实际工作需要确定,报财政部备案后组织实施采购。

三、分散采购限额标准

除集中采购机构采购项目和部门集中采购项目外，各部门自行采购单项或批量金额达到100万元以上的货物和服务的项目、120万元以上的工程项目应按《中华人民共和国政府采购法》和《中华人民共和国招标投标法》有关规定执行。

四、公开招标数额标准

政府采购货物或服务项目，单项采购金额达到200万元以上的，必须采用公开招标方式。政府采购工程以及与工程建设有关的货物、服务公开招标数额标准按照国务院有关规定执行。

国务院办公厅关于加强农业种质资源保护与利用的意见

（2019年12月30日　国办发〔2019〕56号）

农业种质资源是保障国家粮食安全与重要农产品供给的战略性资源，是农业科技原始创新与现代种业发展的物质基础。近年来，我国农业种质资源保护与利用工作取得积极成效，但仍存在丧失风险加大、保护责任主体不清、开发利用不足等问题。为加强农业种质资源保护与利用工作，经国务院同意，现提出如下意见。

一、总体要求。以习近平新时代中国特色社会主义思想为指导，全面贯彻党的十九大和十九届二中、三中、四中全会精神，落实新发展理念，以农业供给侧结构性改革为主线，进一步明确农业种质资源保护的基础性、公益性定位，坚持保护优先、高效利用、政府主导、多元参与的原则，创新体制机制，强化责任落实、科技支撑和法治保障，构建多层次收集保护、多元化开发利用和多渠道政策支持的新格局，为建设现代种业强国、保障国家粮食安全、实施乡村振兴战略奠定坚实基础。力争到2035年，建成系统完整、科学高效的农业种质资源保护与利用体系,资源保存总量位居世界前列,珍稀、濒危、特有资源得到有效收集和保护,资源深度鉴定评价和综合开发利用水平显著提升,资源创新利用达到国际先进水平。

二、开展系统收集保护,实现应保尽保。开展农业种质资源(主要包括作物、畜禽、水产、农业微生物种质资源)全面普查、系统调查与抢救性收集,加快查清农业种质资源家底,全面完成第三次全国农作物种质资源普查与收集行动,加大珍稀、濒危、特有资源与特色地方品种收集力度,确保资源不丧失。加强农业种质资源国际交流,推动与农业种质资源富集的国家和地区合作,建立农业种质资源便利通关机制,提高通关效率。对引进的农业种质资源定期开展检疫性病虫害分类分级风险评估,加强种质资源安全管理。完善农业种质资源分类分级保护名录,开展农业种质资源中长期安全保存,统筹布局种质资源长期库、复份库、中期库,分类布局保种场、保护区、种质圃,分区布局综合性、专业性基因库,实行农业种质资源活体原位保护与异地集中保存。加强种质资源活力与遗传完整性监测,及时繁殖与更新复壮,强化新技术应用。新建、改扩建一批农业种质资源库(场、区、圃),加快国家作物种质长期库新库、国家海洋渔业生物种质资源库建设,启动国家畜禽基因库建设。

三、强化鉴定评价,提高利用效率。以优势科研院所、高等院校为依托,搭建专业化、智能化资源鉴定评价与基因发掘平台,建立全国统筹、分工协作的农业种质资源鉴定评价体系。深化重要经济性状形成机制、群体协同进化规律、基因组结构和功能多样性等研究,加快高通量鉴定、等位基因规模化发掘等技术应用。开展种质资源表型与基因型精准鉴定评价,深度发掘优异种质、优异基因,构建分子指纹图谱库,强化育种创新基础。公益性农业种质资源保护单位要按照相关职责定位要求,做好种质资源基本性状鉴定、信息发布及分发等服务工作。

四、建立健全保护体系,提升保护能力。健全国家农业种质资源保护体系，实施国家和省级两级管理，建立国家统筹、分级负责、有机衔接的保护机制。农业农村部和省级农业农村部门分别确定国家和省级农业种质资源保护单位，并相应组织开展农业种质资源登记，实行统一身份信息管理。鼓励支持企业、科研院所、高等院校、社会组织和个人等登记其保存的农业种质资源。积极探索创新组织管理和实施机制，推行政府购买服务，鼓励企业、社会组织承担农业种质资源保护任务。农业种质资源保护单位要落实主体责任、健全管理制度、强化措施保障。加强农业种质资源保护基础理论、关键核心技术研究，强化科技支撑。充分整合利用现有资源，构建全国统一的农业种质资源大数据平台，推进数字化动态监测、信息化监督管理。

五、推进开发利用，提升种业竞争力。组织实施优异种质资源创制与应用行动，完善创新技术体系，规模化创制突破性新种质，推进良种重大科研联合攻关。深入推进种业科研人才与科研成果权益改革，鼓励农业种质资源保护单位开展资源创新和技术服务，建立国家农业种质资源共享利用交易平台，支持创新种质上市公开交易、作价到企业投资入股。鼓励育繁推一体化企业开展种质资源收集、鉴定和创制，逐步成为种质创新利用的主体。鼓励支持地方品种申请地理标志产品保护和重要农业文化遗产，发展一批以特色地方品种开发为主的种业企业，推动资源优势转化为产业优势。

六、完善政策支持，强化基础保障。加强对农业种质资源保护工作的政策扶持。中央和地方有关部门可按规定通过现有资金渠道，统筹支持农业种质资源保护工作。地方政府在编制国土空间规划时，要合理安排新建、改扩建农业种质资源库（场、区、圃）用地，科学设置畜禽种质资源疫病防控缓冲区，不得擅自、超范围将畜禽、水产保种场划入禁养区，占用农业种质资源库（场、区、圃）的，需经原设立机关批准。现代种业提升工程、国家重点研发计划、国家科技重大专项等加大对农业种质资源保护工作的支持力度。健全财政支持的种质资源与信息汇交机制。对种质资源保护科技人员绩效工资给予适当倾斜,可在政策允许的项目中提取间接经费,在核定的总量内用于发放绩效工资。健全农业科技人才分类评价制度,对种质资源保护科技人员实行同行评价,收集保护、鉴定评价、分发共享等基础性工作可作为职称评定的依据。支持和鼓励科研院所、高等院校建设农业种质资源相关学科。

七、加强组织领导,落实管理责任。各省(自治区、直辖市)人民政府要切实督促落实省级主管部门的管理责任、市县政府的属地责任和农业种质资源保护单位的主体责任,将农业种质资源保护与利用工作纳入相关工作考核。省级以上农业农村、发展改革、科技、财政、生态环境等部门要联合制定农业种质资源保护与利用发展规划。审计机关要依法对农业种质资源保护与利用相关政策措施落实情况、资金管理使用情况进行审计监督。健全法规制度,加快制修订配套法规规章。按照国家有关规定,对在农业种质资源保护与利用工作中作出突出贡献的单位和个人给予表彰奖励。对不作为、乱作为造成资源流失、灭绝等严重后果的,依法依规追究有关单位和人员责任。农业农村部要加强工作指导和督促检查,重大情况及时报告国务院。

国务院办公厅关于印发国家政务信息化项目建设管理办法的通知

(2019 年 12 月 30 日　国办发〔2019〕57 号)

《国家政务信息化项目建设管理办法》已经国务院同意,现印发给你们,请认真贯彻执行。

国家政务信息化项目建设管理办法

第一章　总　　则

第一条　为规范国家政务信息化建设管理，推动政务信息系统跨部门跨层级互联互通、信息共享和业务协同，强化政务信息系统应用绩效考核，根据《国务院关于印发政务信息资源共享管理暂行办法的通知》（国发〔2016〕51号）等有关规定，制定本办法。

第二条　本办法适用的国家政务信息系统主要包括：国务院有关部门和单位负责实施的国家统一电子政务网络平台、国家重点业务信息系统、国家信息资源库、国家信息安全基础设施、国家电子政务基础设施（数据中心、机房等）、国家电子政务标准化体系以及相关支撑体系等符合《政务信息系统定义和范围》规定的系统。

第三条　国家政务信息化建设管理应当坚持统筹规划、共建共享、业务协同、安全可靠的原则。

第四条　国家发展改革委负责牵头编制国家政务信息化建设规划，对各部门审批的国家政务信息化项目进行备案管理。财政部负责国家政务信息化项目预算管理和政府采购管理。各有关部门按照职责分工，负责国家政务信息化项目审批、建设、运行和安全监管等相关工作，并按照“以统为主、统分结合、注重实效”的要求，加强对政务信息化项目的并联管理。

第五条　国家发展改革委会同中央网信办、国务院办公厅、财政部建立国家政务信息化建设管理的协商机制，做好统筹协调，开展督促检查和评估评价，推广经验成果，形成工作合力。

第二章　规划和审批管理

第六条　国家发展改革委会同有关部门根据信息化发展规律和政务信息化建设特点，统筹考虑并充分论证各部门建设需求，编制国家政务信息化建设规划并报国务院批准后实施；如内外部发展环境发生重大变化，适时组织评估论证，提出调整意见报国务院批准。各有关部门编制规划涉及政务信息化建设的，应当与国家政务信息化建设规划进行衔接。

第七条　国家发展改革委审批或者核报国务院审批的政务信息化项目，以及其他有关部门按照项目审批管理的政务信息化项目，原则上包括编报项目建议书、可行性研究报告、初步设计方案等环节。

对于已经纳入国家政务信息化建设规划的项目，可以直接编报可行性研究报告。

对于党中央、国务院有明确要求，或者涉及国家重大战略、国家安全等特殊原因，情况紧急，且前期工作深度达到规定要求的项目，可以直接编报项目可行性研究报告、初步设计方案和投资概算。

第八条　国家政务信息化项目原则上不再进行节能评估、规划选址、用地预审、环境影响评价等审批，涉及新建土建工程、高耗能项目的除外。

第九条　除国家发展改革委审批或者核报国务院审批的外，其他有关部门自行审批新建、改建、扩建，以及通过政府购买服务方式产生的国家政务信息化项目，应当按规定履行审批程序并向国家发展改革委备案。

备案文件应当包括项目名称、建设单位、审批部门、绩效目标及绩效指标、投资额度、运行维护经费、经费渠道、信息资源目录、信息共享开放、应用系统、等级保护或者分级保护备案情况、密码应用方案和密码应用安全性评估报告等内容，其中改建、扩建项目还需提交前期项目第三方后评价报告。

第十条 跨部门共建共享的政务信息化项目，由牵头部门会同参建部门共同开展跨部门工程框架设计，形成统一框架方案后联合报国家发展改革委。框架方案要确定工程的参建部门、建设目标、主体内容，明确各部门项目与总体工程的业务流、数据流及系统接口，初步形成数据目录，确保各部门建设内容无重复交叉，实现共建共享要求。框架方案确定后，各部门按照项目管理要求申请建设本部门参建内容。

各有关部门对于需要地方共享协同的政务信息化项目，应当按照统筹规划、分级审批、分级建设、共享协同的原则建设，并加强与地方已有项目的衔接。项目建设单位应当加强对地方的指导，统筹制定信息共享、业务协同的总体要求和标准规范。地方项目建设单位应当根据项目的总体目标、整体框架、建设任务、绩效目标及指标等，按照本地有关规定开展项目审批建设工作，并做好与国家有关项目建设单位的衔接配合。

第十一条 可行性研究报告、初步设计方案应当包括信息资源共享分析篇（章）。咨询评估单位的评估报告应当包括对信息资源共享分析篇（章）的评估意见。审批部门的批复文件或者上报国务院的请示文件应当包括对信息资源共享分析篇（章）的意见。

项目建设单位应当编制信息资源目录，建立信息共享长效机制和共享信息使用情况反馈机制，确保信息资源共享，不得将应当普遍共享的数据仅向特定企业、社会组织开放。

信息资源目录是审批政务信息化项目的必备条件。信息资源共享的范围、程度以及网络安全情况是确定项目建设投资、运行维护经费和验收的重要依据。

第十二条 各部门所有新建政务信息化项目，均应当在全国投资项目在线审批监管平台政务信息化项目管理子平台（以下简称管理平台）报批或者备案。

所有中央本级政务信息系统应当全口径纳入管理平台进行统一管理。各部门应当在管理平台及时更新本部门政务信息系统目录。管理平台汇总形成国家政务信息系统总目录。

第三章 建设和资金管理

第十三条 项目建设单位应当确定项目实施机构和项目责任人，建立健全项目管理制度，加强对项目全过程的统筹协调，强化信息共享和业务协同，并严格执行招标投标、政府采购、工程监理、合同管理等制度。招标采购涉密信息系统的，还应当执行保密有关法律法规规定。

第十四条 项目建设单位应当按照《中华人民共和国网络安全法》等法律法规以及党政机关安全管理等有关规定，建立网络安全管理制度，采取技术措施，加强政务信息系统与信息资源的安全保密设施建设，定期开展网络安全检测与风险评估，保障信息系统安全稳定运行。

第十五条 项目建设单位应当落实国家密码管理有关法律法规和标准规范的要求，同步规划、同步建设、同步运行密码保障系统并定期进行评估。

第十六条 项目应当采用安全可靠的软硬件产品。在项目报批阶段，要对产品的安全可靠情况进行说明。项目软硬件产品的安全可靠情况，项目密码应用和安全审查情况，以及硬件设备和新建数据中心能源利用效率情况是项目验收的重要内容。

第十七条 项目建设单位应当充分依托云服务资源开展集约化建设。

第十八条 对于人均投资规模过大、项目建设单位不具备建设运行维护能力的项目，应当充分发挥职能部门作用或者外包，减少自建自管自用自维。

第十九条 国家政务信息化项目实行工程监理制，项目建设单位应当按照信息系统工程监理有关规定,委托工程监理单位对项目建设进行工程监理。

第二十条 项目建设单位应当对项目绩效目标执行情况进行评价,并征求有关项目使用单位和监理单位的意见,形成项目绩效评价报告,在建设期内每年年底前向项目审批部门提交。

项目绩效评价报告主要包括建设进度和投资计划执行情况。对于已投入试运行的系统,还应当说明试运行效果及遇到的问题等。

第二十一条 项目建设过程中出现工程严重逾期、投资重大损失等问题的,项目建设单位应当及时向项目审批部门报告,项目审批部门按照有关规定要求项目建设单位进行整改或者暂停项目建设。

第二十二条 项目建设单位应当严格按照项目审批部门批复的初步设计方案和投资概算实施项目建设。项目建设目标和内容不变,项目总投资有结余的,应当按照相关规定将结余资金退回。

项目建设的资金支出按照国库集中支付有关制度规定执行。

第二十三条 项目投资规模未超出概算批复、建设目标不变,项目主要建设内容确需调整且资金调整数额不超过概算总投资15%,并符合下列情形之一的,可以由项目建设单位调整,同时向项目审批部门备案:

(一)根据党中央、国务院部署,确需改变建设内容的;

(二)确需对原项目技术方案进行完善优化的;

(三)根据所建政务信息化项目业务发展需要,在已批复项目建设规划的框架下调整相关建设内容及进度的。

不符合上述情形的,应当按照国家有关规定履行相应手续。

第二十四条 初步设计方案和投资概算未获批复前,原则上不予下达项目建设投资。对于因开展需求分析、编制可行性研究报告和初步设计、购地、拆迁等确需提前安排投资的政务信息化项目,项目建设单位可以在项目可行性研究报告获批复后,向项目审批部门提出申请。

第二十五条 国家政务信息化项目建成后半年内，项目建设单位应当按照国家有关规定申请审批部门组织验收，提交验收申请报告时应当一并附上项目建设总结、财务报告、审计报告、安全风险评估报告（包括涉密信息系统安全保密测评报告或者非涉密信息系统网络安全等级保护测评报告等）、密码应用安全性评估报告等材料。

项目建设单位不能按期申请验收的，应当向项目审批部门提出延期验收申请。

项目审批部门应当及时组织验收。验收完成后，项目建设单位应当将验收报告等材料报项目审批部门备案。

第二十六条 项目建设单位应当按照国家有关档案管理的规定，做好项目档案管理，并探索应用电子档案。

未进行档案验收或者档案验收不合格的，不得通过项目验收。

第二十七条 项目建设单位应当在项目通过验收并投入运行后12至24个月内，依据国家政务信息化建设管理绩效评价有关要求，开展自评价，并将自评价报告报送项目审批部门和财政部门。项目审批部门结合项目建设单位自评价情况，可以委托相应的第三方咨询机构开展后评价。

第二十八条 加强国家政务信息化项目建设投资和运行维护经费协同联动，坚持"联网通办是原则，孤网是例外"。部门已建的政务信息化项目需升级改造，或者拟新建政务信息化项目，能够按要求进行信息共享的，由国家发展改革委会同有关部门进行审核；如果部门认为根据有关法律法规和党中央、国务院要求不能进行信息共享，但是确有必要建设或者保留的，由国家发展改革委报国务院，由国务院办公厅会同有关部门进行审核，经国务院批准后方可建设或者保留。

（一）对于未按要求共享数据资源或者重复采集数据的政务信息系统，不安排运行维护经费，项目建设单位不得新建、改建、扩建政务信息系统。

（二）对于未纳入国家政务信息系统总目录的系统，不安排运行维护经费。

（三）对于不符合密码应用和网络安全要求，或者存在重大安全隐患的政务信息系统，不安排运行维护经费，项目建设单位不得新建、改建、扩建政务信息系统。

第四章　监督管理

第二十九条　项目建设单位应当接受项目审批部门及有关部门的监督管理，配合做好绩效评价、审计等监督管理工作，如实提供建设项目有关资料和情况，不得拒绝、隐匿、瞒报。

第三十条　国务院办公厅、国家发展改革委、财政部、中央网信办会同有关部门按照职责分工，对国家政务信息化项目是否符合国家有关政务信息共享的要求，以及项目建设中招标采购、资金使用、密码应用、网络安全等情况实施监督管理。发现违反国家有关规定或者批复要求的，应当要求项目建设单位限期整改。逾期不整改或者整改后仍不符合要求的，项目审批部门可以对其进行通报批评、暂缓安排投资计划、暂停项目建设直至终止项目。

网络安全监管部门应当依法加强对国家政务信息系统的安全监管，并指导监督项目建设单位落实网络安全审查制度要求。

各部门应当严格遵守有关保密等法律法规规定，构建全方位、多层次、一致性的防护体系，按要求采用密码技术，并定期开展密码应用安全性评估，确保政务信息系统运行安全和政务信息资源共享交换的数据安全。

第三十一条　审计机关应当依法加强对国家政务信息系统的审计，促进专项资金使用真实、合法和高效，推动完善并监督落实相关制度政策。

第三十二条　项目审批部门、主管部门应当加强对绩效评价和项目后评价结果的应用，根据评价结果对国家政务信息化项目存在的问题提出整改意见，指导完善相关管理制度，并按照项目审批管理要求将评价结果作为下一年度安排政府投资和运行维护经费的重要依据。

第三十三条 单位或者个人违反本办法规定未履行审批、备案程序，或者因管理不善、弄虚作假造成严重超概算、质量低劣、损失浪费、安全事故或者其他责任事故的，相关部门应当予以通报批评，并对负有直接责任的主管人员和其他责任人员依法给予处分。

相关部门、单位或者个人违反国家有关规定，截留、挪用政务信息化项目资金，或者违规安排运行维护经费的，由有关部门按照《财政违法行为处罚处分条例》等相关规定予以查处。

第五章 附 则

第三十四条 国务院有关部门可以根据本办法的规定及职责分工，制定本部门的具体管理办法。

各省、自治区、直辖市人民政府可以参照本办法制定本地区的管理办法。

第三十五条 本办法由国家发展改革委会同财政部负责解释。

第三十六条 本办法自2020年2月1日起施行。2007年8月13日国家发展改革委公布的《国家电子政务工程建设项目管理暂行办法》同时废止。

国务院办公厅关于支持国家级新区深化改革创新加快推动高质量发展的指导意见

（2019年12月31日　国办发〔2019〕58号）

国家级新区（以下简称新区）是承担国家重大发展和改革开放战略任务的综合功能平台。自上世纪90年代以来，新区建设发展取得了显著成效，但也不同程度地面临规划建设不够集约节约、主导产业优势不够突出、管理体制机制不够健全、改革创新和全方位开放不够深化等问题。为促进新区加大创新创业力度，加强改革系统集成，扩大高水平开放，打造实体经济发展高地，引领高质量发展，经国务院同意，现提出以下意见。

一、总体要求

（一）指导思想。

以习近平新时代中国特色社会主义思想为指导，全面贯彻党的十九大和十九届二中、三中、四中全会精神，坚持稳中求进工作总基调，坚持新发展理念，坚持以供给侧结构性改革为主线，突出高起点规划、高标准建设、高水平开放、高质量发展，用改革的办法和市场化、法治化的手段，大力培育新动能、激发新活力、塑造新优势，努力成为高质量发展引领区、改革开放新高地、城市建设新标杆。

（二）基本原则。

——实体为本，持续增强竞争优势。把推动制造业高质量发展放在突出位置，深化供给侧结构性改革，对接国际标准，适应发展趋势，遵循市场化原则，科学培育并紧紧围绕主导产业，突破一批关键核心技术，培育新业态新模式，促进新旧动能顺畅转换，做实做强做优实体经济。

——刀刃向内，加快完善体制机制。坚持向改革创新要动力，赋予新区更大改革自主权，发挥综合功能平台优势，加强改革系统集成探索，巩固在解决体制性障碍、机制性梗阻和强化政策性创新等方面取得的改革成果，注重各项改革协调推进、相得益彰，推动制度优势转化为治理效能。

——主动对标，全面提升开放水平。支持新区率先复制自贸试验区改革开放经验，对接国际先进规则，深度参与全球产业分工，在更深层次、更宽领域，以更大力度推进全方位高水平开放，不断提升国际市场影响力和竞争力。

——尊重规律，合理把握开发节奏。保持历史耐心和战略定力，高质量高标准推动新区规划建设。准确定位、突出优势和特色，处理好有所为与有所不为、先为与后为、快为与慢为的关系，尊重城市发展规律，合理把握开发节奏，促进绿色低碳发展，坚决防止盲目建设和无序扩张。

二、着力提升关键领域科技创新能力

（三）打造若干竞争力强的创新平台。深入实施创新驱动发展战略，促进科技与经济深度融合，重大科技创新和大众创业万众创新相互推动。高水平建设上海张江综合性国家科学中心、天津国家自主创新示范区，进一步释放天津滨海—中关村科技园、成都科学城等创新平台活力。鼓励高校、科研院所优先在新区设立科研中心、研发机构等，国家重大战略项目、科技创新—2030 重大项目等优先在有条件的新区布局，鼓励建设主导产业协同创新公共服务平台和工程数据中心，建设国家大科学装置和国家科技创新基地。鼓励由优秀创新型企业牵头，与高校、科研院所和产业链上下游企业联合组建创新共同体，建设制造业创新中心，围绕优势产业、主导产业，瞄准国际前沿技术强化攻关，力争在重大“卡脖子”技术和产品上取得突破。

（四）完善创新激励和成果保护机制。健全科技成果转化激励机制和运行机制，支持新区科研机构开展赋予科研人员职务科技成果所有权或长期使用权试点，落实以增加知识价值为导向的分配政策，自主开展人才引进和职称评审。健全知识产权创造、运用、管理、保护机制，加强知识产权保护、运营服务、维权援助、仲裁等工作力量，鼓励和支持企业运用知识产权参与市场竞争，打造一批拥有知名品牌和核心知识产权的优势企业。

（五）积极吸纳和集聚创新要素。支持新区探索更加开放便利的海外科技人才引进和服务管理机制，建设海外人才离岸创新创业基地。允许高校、科研院所和国有企业的科技人才按规定在新区兼职兼薪、按劳取酬。支持有条件的新区开展优化非标准就业形式下劳动用工服务试点。充分利用首台（套）重大技术装备示范应用等政策措施，通过政府采购等方式，促进重大创新成果市场化应用和规模化推广。鼓励省级层面对新区创新平台基础设施建设、实验设备购置等予以补助，加大投入力度。鼓励创投、风投和各类产业投资基金加大对新区企业“双创”支持力度。

三、加快推动实体经济高质量发展

（六）做精做强主导产业。引导新区大力改造提升传统产业，培育壮大优质企业，加快引进先进制造业企业和产业链龙头企业。深入实施新一轮重大技术改造升级工程，完善企业技改服务体系，支持制造业企业运用新技术新工艺新材料新模式，加速向智能、绿色、服务型制造转型升级，推动制造业迈向中高端。瞄准产业链关键环节和突出短板，实施先进制造业集群培育行动，推动制造业强链补链固链，打造更强创新力、更高附加值的产业链。实施现代服务业优化升级行动，推动先进制造业和现代服务业深度融合发展。鼓励金融机构按照市场化原则，增加对新区制造业企业的中长期贷款和信用贷款投放规模。

（七）培育新产业新业态新模式。支持新区加快发展战略性新兴产业，培育发展一批特色产业集群，提高专业化和创新发展水平，培育一批具有全球竞争力的“瞪羚”企业、新领军者企业、专精特新“小巨人”企业和细分领域“单项冠军”企业。加快推动区块链技术和产业创新发展，探索“区块链+”模式，促进区块链和实体经济深度融合。

（八）精准引进建设一批重大产业项目。支持具备条件的新区建设制造业高质量发展国家级示范区、新型工业化产业示范基地，有针对性地引导外资项目和国家重大产业项目优先在新区布局。推动中西部和东北地区新区与东部地区建立精准承接制造业产业转移长效机制，探索完善地区间投入共担、利益共享、经济统计分成等跨区域合作机制，采取共建园区等形式深化产业合作。

四、持续增创体制机制新优势

（九）优化管理运营机制。优化新区管委会机构设置，健全法治化管理机制，科学确定管理权责，进一步理顺与所在行政区域以及区域内各类园区、功能区的关系。允许相关省（区、市）按规定赋予新区相应的地市级经济社会管理权限，下放部分省级经济管理权限。研究推动有条件的新区按程序开展行政区划调整，促进功能区与行政区协调发展、融合发展。创新完善新区管理机构选人用人和绩效激励机制，经批准可实施聘任制、绩效考核制，允许实行兼职兼薪、年薪制、协议工资制等薪酬制度。

（十）打造一流营商环境。复制借鉴京沪两地优化营商环境先进改革举措，进一步转变政府管理理念和方式，在深化“放管服”改革方面走在前列。开展体现新区特点的营商环境评价，下硬功夫打造好发展软环境。持续深化商事制度改革，大幅压缩企业开办时间。开展“证照分离”改革，重点是“照后减证”，对确需保留的工业产品生产许可开展“先证后核”等改革。提升“互联网+政务服务”水平，强化省级层面对相关数据交换和数据服务的支撑，推动将具备条件的政务服务事项全面纳入全国一体化在线政务服务平台办理。健全制度化监管规则，实施以“双随机、一公开”监管为基本手段、以重点监管为补充、以信用监管为基础的新型监管机制，完善与创新创业相适应的包容审慎监管方式。

五、推动全方位高水平对外开放

（十一）进一步增强国际竞争力。引导新区企业树立精益管理理念，推广先进生产管理模式，对接国际通行经贸规则、高端标准和品质要求，提升企业核心竞争力。支持新区建设国际合作园区，鼓励采取“一园多区”等模式，承接重大外资项目，积极引进跨国公司地区总部和研发、财务、采购、结算等功能性机构。支持有条件的新区开展资本项目收入结汇支付便利化试点。鼓励新区共同搭建招商平台，开展联合招商，形成规模效应，提高引资水平。

（十二）提升投资贸易便利化水平。鼓励新区在政府职能转变、投资贸易便利化等重点领域加大改革力度，充分发挥引领示范作用。支持新区结合实际按程序复制推广自贸试验区改革创新经验。支持在确有发展需要、符合条件的新区设立综合保税区，建设外贸转型升级基地和外贸公共服务平台，推进关税保证保险改革。推动国际货运班列通关一体化，在有效监管、风险可控的前提下，研究依托内陆国家物流枢纽实行启运港退税的可行性。支持新区发展跨境电子商务，复制推广成熟经验做法。

六、高标准推进建设管理

（十三）加强规划统领与约束。推动各新区尊重科学、尊重规律、着眼长远，高质量编制发展规划。严控开发强度，实施建设用地总量和强度双控，注重规划留白留绿。建立新区各类规划统筹协调机制，强化规划实施相关保障措施，实现“多规合一”，实行网格化、信息化和精细化管理，确保规划严肃性、权威性，一张蓝图干到底。

（十四）探索高品质城市治理方式。深入推进智慧城市建设，提升城市精细化管理水平。优化主城区与新区功能布局，推动新区有序承接主城区部分功能。提高新区基础设施和公共服务设施建设水平，增强教育、医疗、文化等配套功能，率先全面执行绿色建筑标准，推进海绵城市建设，把宜居、绿色、便利等理念体现到规划建设的各个细节，创造体现品质和文化底蕴的生产生活环境。坚持房子是用来住的、不是用来炒的定位，落实职住平衡要求，严禁大规模无序房地产开发，支持合理自住需求，坚决遏制投机炒房行为。支持有条件的新区创新生态环境管理制度，推动开展气候投融资工作，提高生态环境质量。

（十五）创新土地集约利用方式。坚决落实节约集约用地政策，强化开发强度、投资强度、产出强度、人均用地指标等要求。建立“人地挂钩”、“增存挂钩”机制，鼓励探索土地利用全生命周期管理制度。有关省（区、市）在安排年度新增建设用地等指标时，要充分考虑和保障新区重大项目用地需求，支持符合条件的重大建设项目纳入耕地占补平衡国家统筹。在坚持和完善工业用地招标拍卖挂牌出让制度的基础上，创新“标准地”出让、弹性出让、先租后让等工业用地配置方式。因城施策调整用地功能分区，适度增加混合用地供给。

七、组织实施

（十六）落实主体责任。有关省（区、市）人民政府要加强组织领导，明确工作责任，狠抓任务落实，加大力度支持新区高质量发展相关工作。在确定本省（区、市）年度财政预算支持规模时，要充分考虑国家级新区承担重大改革发展任务需要，强化财力支持保障。各新区要发挥主体作用，主动作为、锐意创新，完成好重大改革创新任务，探索可复制可推广的经验做法。要建立健全激励机制和容错纠错机制，培养担当敬业、干事创新的干部队伍。

（十七）加强指导支持。坚持和加强党的全面领导，把党的领导贯穿于新区建设发展全过程。有关部门要按照职能分工，在规划编制、政策实施、项目布局、资金安排、体制创新、试点示范、扩大开放等方面对新区予以积极支持。在有效防控风险的前提下，加大地方政府专项债券对新区建设发展的支持力度。国家发展改革委要会同有关方面强化统筹指导，建立健全统计体系，完善监测评估办法，加强动态跟踪和科学评估，协调解决新区遇到的困难和问题。重大事项及时向国务院请示报告。

国务院关于2019年度国家科学技术奖励的决定

（2020年1月7日　国发〔2020〕2号）

为深入贯彻落实习近平新时代中国特色社会主义思想，全面贯彻党的十九大和十九届二中、三中、四中全会精神，坚定实施科教兴国战略、人才强国战略和创新驱动发展战略，国务院决定，对为我国科学技术进步、经济社会发展、国防现代化建设作出突出贡献的科学技术人员和组织给予奖励。

根据《国家科学技术奖励条例》的规定，经国家科学技术奖励评审委员会评审、国家科学技术奖励委员会审定和科技部审核，国务院批准并报请国家主席习近平签署，授予黄旭华院士、曾庆存院士国家最高科学技术奖；国务院批准，授予"高效手性螺环催化剂的发现"国家自然科学奖一等奖，授予"电化学表面增强拉曼光谱学研究"等45项成果国家自然科学奖二等奖，授予"复杂机场高精度飞行校验技术及装备"等3项成果国家技术发明奖一等奖，授予"农产品中典型化学污染物精准识别与检测关键技术"等62项成果国家技术发明奖二等奖，授予"海上大型绞吸疏浚装备的自主研发与产业化"等3项成果国家科学技术进步奖特等奖，授予"高品质特殊钢绿色高效电渣重熔关键技术的开发和应用"等22项成果国家科学技术进步奖一等奖，授予"优质早熟抗寒抗赤霉病小麦新品种西农979的选育与应用"等160项成果国家科学技术进步奖二等奖，授予马丁·波利亚科夫教授等10名外国专家中华人民共和国国际科学技术合作奖。

全国科学技术工作者要向黄旭华院士、曾庆存院士及全体获奖者学习，不忘初心、牢记使命，继续发扬服务国家、造福人民的光荣传统和追求真理、勇攀高峰的科学精神，坚持新发展理念，深入实施创新驱动发展战略，坚定不移走中国特色自主创新道路，着力实现原始创新重大突破，攻克关键核心技术，推动科技成果转化应用，加强科技创新开放合作，为建成创新型国家、加快建设世界科技强国，夺取全面建成小康社会伟大胜利、实现“两个一百年”奋斗目标和中华民族伟大复兴的中国梦作出新的更大贡献。

国务院办公厅关于推广第三批支持创新相关改革举措的通知

（2020 年 1 月 23 日　国办发〔2020〕3 号）

为深入实施创新驱动发展战略，党中央、国务院在京津冀、上海、广东（珠三角）、安徽（合芜蚌）、四川（成德绵）、湖北武汉、陕西西安、辽宁沈阳等 8 个区域部署开展全面创新改革试验，着力破除制约创新发展的体制机制障碍，推进相关改革举措先行先试。有关地区和部门认真落实党中央、国务院决策部署，聚焦发挥市场和政府作用有效机制、促进科技与经济深度融合有效途径、激发创新者动力和活力有效举措、深化开放创新有效模式，大胆探索创新，取得了一系列改革突破，形成了若干新经验新成果，已于 2017 年、2018 年分两批推广 36 项改革举措。为进一步发挥改革试验的示范带动作用，经国务院批准，决定在全国或 8 个改革试验区域内推广第三批 20 项改革举措。现就有关事项通知如下：

一、推广的改革举措

（一）科技金融创新方面 7 项：银行与专业投资机构建立市场化长期性合作机制支持科技创新型企业；科技创新券跨区域“通用通兑”政策协同机制；政银保联动授信担保提供科技型中小企业长期集合信贷机制；建立银行跟贷支持科技型中小企业的风险缓释

资金池；建立基于大数据分析的“银行+征信+担保”的中小企业信用贷款新模式；建立以企业创新能力为核心指标的科技型中小企业融资评价体系；银行与企业风险共担的仪器设备信用贷。

（二）科技管理体制创新方面6项：集中科技骨干力量打造前沿技术产业链股份制联盟；对战略性科研项目实施滚动支持制度；以产业数据、专利数据为基础的新兴产业专利导航决策机制；老工业基地的国有企业创新创业增量型业务混合所有制改革；生物医药领域特殊物品出入境检验检疫“一站式”监管服务机制；地方深度参与国家基础研究和应用基础研究的投入机制。

（三）知识产权保护方面2项：建立跨区域的知识产权远程诉讼平台；建立提供全方位证据服务的知识产权公证服务平台。

（四）人才培养和激励方面1项：“五业联动”的职业教育发展新机制。

（五）军民深度融合方面4项。

二、结合各自实际，深化改革探索

各地区、各部门要以习近平新时代中国特色社会主义思想为指导，深入贯彻党的十九大和十九届二中、三中、四中全会精神，坚定实施创新驱动发展战略，以钉钉子精神巩固完善全面创新改革试验成果，真正取得扎实成效。要把推广第三批改革举措与巩固落实第一批、第二批改革举措结合起来，同一领域的改革举措要加强系统集成，不同领域的改革举措要强化协同高效，不断巩固和深化在解决体制性障碍、机制性梗阻和开展政策性创新方面取得的改革成果，推动各方面制度更加成熟更加定型，真正把制度优势转化为治理效能。要认真梳理和总结本地区、本部门全面创新改革试验工作的成效和经验，在充分发挥已推广改革举措和典型经验示范带动作用的同时，继续加强和深化改革创新探索实践，进一步聚焦重点领域和关键环节，不断激发市场活力和社会创造力，推动经济持续健康发展。

三、明确主体责任，抓好组织实施

各省（区、市）人民政府要加强对全面创新改革试验工作的组织领导，着力以改革疏通堵点、破解痛点、攻克难点。要健全完善激励机制，细化实化任务分工，确保改革举措落地生根，更好服务经济社会发展。要结合本地区、本部门具体工作实际，坚持因地制宜、实事求是，务求取得实效。要充分调动各方面的积极性、主动性和创造性，进一步推动形成担当作为、勇于创新的工作作风，营造有利于创新创业创造的良好社会环境。

国务院各有关部门要结合各自职责，积极主动作为、加强政策协同、做好工作衔接，加强对本领域全面创新改革试验工作的支持和指导。国家发展改革委和科技部要发挥牵头部门作用，做好统筹协调，加强政策解读，总结宣传典型经验和成效，重要情况和问题及时向国务院报告。

附件：第三批支持创新相关改革举措推广清单

（本文有删减）

附件

第三批支持创新相关改革举措推广清单

序号	改革举措	主要内容	指导部门	推广范围
一、科技金融创新方面(共7项)				
1	银行与专业投资机构建立市场化长期性合作机制支持科技创新型企业	银行在依法合规、风险可控的前提下,与专业投资机构、信托等非银行金融机构合作,运用"贷款+外部直接投资"或"贷款+远期权益"等模式开展业务,支持科技创新型企业发展。	银保监会、人民银行、科技部	全国
2	科技创新券跨区域"通用通兑"政策协同机制	推动财政支持创新的跨行政区域联动机制通过统一服务机构登记标准、放宽服务机构注册地限制,实现企业异地采购科技服务。	财政部、科技部、发展改革委	全国
3	政银保联动授信担保提供科技型中小企业长期集合信贷机制	政府集中遴选科技型中小企业并建立银行贷款风险分担机制,担保公司集中提供担保,银行发放长期贷款,地方财政视财力情况给予担保公司适当补偿,形成"统一管理、统一授信、统一担保、分别负债"的信贷新机制。	财政部、科技部、人民银行、银保监会	8个改革试验区域
4	建立银行跟贷支持科技型中小企业的风险缓释资金池	政府适当出资与社会资本共同设立一定额度的外部投贷联动风险缓释资金池,在试点银行对投资机构支持的科创企业发放贷款出现风险时,给予一定比例本金代偿,建立投贷联动新机制。	人民银行、银保监会、财政部	8个改革试验区域
5	建立基于大数据分析的"银行+征信+担保"的中小企业信用贷款新模式	通过比选引进高水平的征信机构和信用评级机构,建立企业信用风险分析数据库,与政务信息大数据库实现互联,利用大数据分析技术,对企业评级更精准和高效,为银行提供准确信用信息。	人民银行、发展改革委、银保监会	全国

续表

序号	改革举措	主要内容	指导部门	推广范围
6	建立以企业创新能力为核心指标的科技型中小企业融资评价体系	建立科技型企业信贷审批授权专属流程、信用评价模型和"技术流"专属评价体系，将科技创新企业创新能力作为核心指标，拓展科技型中小企业的融资渠道。	银保监会、人民银行、科技部	全国
7	银行与企业风险共担的仪器设备信用贷	地方政府引导设立科学仪器共享平台，推荐科技型中小企业向银行申请用于定向购置仪器设备的信用贷款。平台通过与企业签订仪器设备抵押合同获得优先处置权，出现风险后对仪器设备进行市场化处置。	科技部、银保监会	8个改革试验区域
二、科技管理体制创新方面(共6项)				
8	集中科技骨干力量打造前沿技术产业链股份制联盟	面向重大战略新兴产业，政府推动领域内科技主体与产业主体以股份为纽带，建立股份制战略技术联盟、成立法人实体，推动全产业链上不同环节技术优势单位强强联合、交互持股，打造技术创新合作网络和利益共同体。	发展改革委、科技部	全国
9	对战略性科研项目实施滚动支持制度	针对战略性科研项目一次性申报、一次性资助、实施周期长等特点，建立跨年度、覆盖项目全周期的管理制度，统筹各年度科研计划和预算资金安排，进行滚动支持。	科技部、财政部	全国
10	以产业数据、专利数据为基础的新兴产业专利导航决策机制	运用专利导航方法，通过产业数据、专利数据分析，准确把握战略新兴产业领域和区域重点产业的技术与市场竞争态势，合理推进区域新兴产业布局和结构优化。	发展改革委、科技部、知识产权局	全国

续表

序号	改革举措	主要内容	指导部门	推广范围
11	老工业基地的国有企业创新创业增量型业务混合所有制改革	老工业基地的国有企业以“双创”开拓出的新业务增长点引入社会资本，通过市场化债转股、限制性股权激励等模式，深化国有企业混合所有制改革。	国资委、财政部、人民银行	全国
12	生物医药领域特殊物品出入境检验检疫“一站式”监管服务机制	创新特殊物品出入境检验检疫监管服务，针对生物医药检验检疫，扩大低风险特殊物品智能审批覆盖范围，对试点企业进口同一种科研用样本实施“一次评估、分批进口”。推广中，需要对特殊物品应用制定针对性监管措施。	海关总署	全国
13	地方深度参与国家基础研究和应用基础研究的投入机制	在充分发挥中央财政支持基础研究重要作用的基础上，地方通过有机对接国家基础研究、技术创新和产业创新等项目，从财政资金、人才和土地等方面建立持续的投入机制，加大对国家基础研究和应用基础研究的支持力度。	科技部、发展改革委	全国
三、知识产权保护方面（共2项）				
14	建立跨区域的知识产权远程诉讼平台	知识产权法院设立远程诉讼服务处，建立诉讼咨询服务平台，突破诉讼地域限制，为当事人提供远程立案、案件查询、远程视频庭审等多项诉讼服务。知识产权部门加强跨区域维权援助工作的协同。	最高人民法院、知识产权局	8个改革试验区域
15	建立提供全方位证据服务的知识产权公证服务平台	成立知识产权公证服务中心，围绕知识产权公证案件，办理涵盖知识产权授权公证、证据保全公证等各类型知识产权公证业务，为企业及个人解决知识产权纠纷提供高效的公证法律服务。	司法部、知识产权局	8个改革试验区域

续表

序号	改革举措	主要内容	指导部门	推广范围
四、人才培养和激励方面(共1项)				
16	“五业联动”的职业教育发展新机制	政府主导和统筹,行业企业参与、指导和评价,职业院校(含技工院校)培养,研究机构支持和服务,加强资源整合,建立就业、职业、产业、行业和企业协同联动的新机制,实现职业教育办学结构和效能优化。	教育部、发展改革委、工业和信息化部、财政部、人力资源社会保障部	全国
五、军民深度融合方面(共4项)				

国务院部门规章

中央企业负责人经营业绩考核办法

（2019年3月1日国务院国有资产监督管理委员会令第40号公布　自2019年4月1日起施行　国司备字［2020001322］）

第一章　总　　则

第一条　坚持以习近平新时代中国特色社会主义思想为指导，全面贯彻党的十九大精神和党中央、国务院关于深化国有企业改革、完善国有资产管理体制的一系列重大决策部署，切实履行企业国有资产出资人职责，维护所有者权益，落实国有资产保值增值责任，建立健全有效的激励约束机制，引导中央企业实现高质量发展，加快成为具有全球竞争力的世界一流企业，根据《中华人民共和国公司法》《中华人民共和国企业国有资产法》《企业国有资产监督管理暂行条例》等有关法律法规和《中共中央　国务院关于深化国有企业改革的指导意见》（中发〔2015〕22号）以及深化中央管理企业负责人薪酬制度改革等有关规定，制定本办法。

第二条　本办法考核的中央企业负责人，是指经国务院授权由国务院国有资产监督管理委员会（以下简称国资委）履行出资人职责的企业（以下简称企业）中由中央或者国资委管理的人员。

第三条　企业负责人经营业绩考核遵循以下原则：

（一）坚持质量第一效益优先。牢固树立新发展理念，以供给侧结构性改革为主线，加快质量变革、效率变革、动力变革，不断做强做优做大国有资本。

（二）坚持市场化方向。遵循市场经济规律和企业发展规律，健全市场化经营机制，充分发挥市场在资源配置中的决定性作用，强化正向激励，激发企业活力。

（三）坚持依法依规。准确把握出资人监管边界，依法合规履行出资人职权，坚持以管资本为主加强国有资产监管，有效落实国有资产保值增值责任。

（四）坚持短期目标与长远发展有机统一。切实发挥企业战略引领作用，构建年度考核与任期考核相结合，立足当前、着眼长远的考核体系。

（五）坚持国际对标行业对标。瞄准国际先进水平，强化行业对标，不断提升企业在全球产业发展中的话语权和影响力，加快成为具有全球竞争力的世界一流企业。

（六）坚持业绩考核与激励约束紧密结合。坚持权责利相统一，建立与企业负责人选任方式相匹配、与企业功能性质相适应、与经营业绩相挂钩的差异化激励约束机制。

第四条 年度经营业绩考核和任期经营业绩考核采取由国资委主任或者其授权代表与企业主要负责人签订经营业绩责任书的方式进行。

第二章 考核导向

第五条 突出效益效率，引导企业加快转变发展方式，优化资源配置，不断提高经济效益、资本回报水平、劳动产出效率和价值创造能力，实现质量更高、效益更好、结构更优的发展。

第六条 突出创新驱动，引导企业坚持自主创新，加大研发投入，加快关键核心技术攻关，强化行业技术引领，不断增强核心竞争能力。

第七条 突出实业主业，引导企业聚焦主业做强实业，加快结构调整，注重环境保护，着力补齐发展短板，积极培育新动能，不断提升协调发展可持续发展能力。

第八条 突出国际化经营，引导企业推进共建"一带一路"走深走实，加强国际合作，推动产品、技术、标准、服务、品牌走出去，规范有序参与国际市场竞争，不断提升国际化经营水平。

第九条 突出服务保障功能，引导企业在保障国家安全和国民经济运行、发展前瞻性战略性产业中发挥重要作用。鼓励企业积极承担社会责任。

第十条 健全问责机制，引导企业科学决策，依法合规经营，防范经营风险，防止国有资产流失，维护国有资本安全。

第三章 分类考核

第十一条 根据国有资本的战略定位和发展目标，结合企业实际，对不同功能和类别的企业，突出不同考核重点，合理设置经营业绩考核指标及权重，确定差异化考核标准，实施分类考核。

第十二条 对主业处于充分竞争行业和领域的商业类企业，以增强国有经济活力、放大国有资本功能、实现国有资本保值增值为导向，重点考核企业经济效益、资本回报水平和市场竞争能力，引导企业优化资本布局，提高资本运营效率，提升价值创造能力。

第十三条 对主业处于关系国家安全、国民经济命脉的重要行业和关键领域、主要承担重大专项任务的商业类企业，以支持企业可持续发展和服务国家战略为导向，在保证合理回报和国有资本保值增值的基础上，加强对服务国家战略、保障国家安全和国民经济运行、发展前瞻性战略性产业情况的考核。适度降低经济效益指标和国有资本保值增值率指标考核权重，合理确定经济增加值指标的资本成本率。承担国家安全、行业共性技术或国家重大专项任务完成情况较差的企业，无特殊客观原因的，在业绩考核中予以扣分或降级处理。

第十四条 对公益类企业，以支持企业更好地保障民生、服务社会、提供公共产品和服务为导向，坚持经济效益和社会效益相结合，把社会效益放在首位，重点考核产品服务质量、成本控制、营运效率和保障能力。根据不同企业特点，有区别地将经济增加值和国有资本保值增值率指标纳入年度和任期考核，适当降低考核权重和回报要求。对社会效益指标引入第三方评价，评价结果较差的企业，根据具体情况，在业绩考核中予以扣分或降级处理。

第十五条 对国有资本投资、运营公司，加强落实国有资本布局和结构优化目标、提升国有资本运营效率以及国有资本保值增值等情况的考核。

第十六条 对科技进步要求高的企业，重点关注自主创新能力的提升，加强研发投入、科技成果产出和转化等指标的考核。在计算经济效益指标时，可将研发投入视同利润加回。

第十七条 对结构调整任务重的企业，重点关注供给侧结构性改革、主业转型升级、新产业新业态新模式发展，加强相关任务阶段性成果的考核。

第十八条 对国际化经营要求高的企业，加强国际资源配置能力、国际化经营水平等指标的考核。

第十九条 对资产负债水平较高的企业，加强资产负债率、经营性现金流、资本成本率等指标的考核。

第二十条 对节能环保重点类和关注类企业，加强反映企业行业特点的综合性能耗、主要污染物排放等指标的考核。

第二十一条 对具备条件的企业，运用国际对标行业对标，确定短板指标纳入年度或任期考核。

第二十二条 建立健全业绩考核特殊事项清单管理制度。将企业承担的保障国家安全、提供公共服务等事项列入管理清单，对当期经营业绩产生重大影响的特殊事项，在考核时予以适当处理。

第四章　目 标 管 理

第二十三条　国资委按照企业发展与国民经济发展速度相适应、与国民经济重要支柱地位相匹配、与高质量发展要求相符合的原则，主导确定企业经营业绩总体目标（以下简称总体目标）。

第二十四条　企业考核目标值应与总体目标相衔接，根据不同功能企业情况，原则上以基准值为基础予以核定。

第二十五条　考核基准值根据企业功能定位，兼顾企业经营性质和业务特点，依据考核指标近三年完成值、客观调整因素和行业对标情况综合确定。

第二十六条　年度净利润、经济增加值等指标目标值可设置为三档。

第一档：目标值达到历史最好水平，或者明显好于上年完成值且增幅高于总体目标增幅。

第二档：目标值不低于基准值。

第三档：目标值低于基准值。

经行业对标，目标值处于国际优秀水平或国内领先水平的，不进入第三档。

第二十七条　国资委将年度净利润、经济增加值等指标目标值与考核计分、结果评级紧密结合。

第一档目标值，完成后指标得满分，同时根据目标值先进程度给予加分奖励。

第二档目标值，完成后正常计分。

第三档目标值，完成后加分受限，考核结果不得进入 A 级。

第二十八条　净利润等经济效益指标的目标值与工资总额预算挂钩，根据目标值的先进程度确定不同的工资总额预算水平。

第五章 考核实施

第二十九条 企业负责人经营业绩考核工作由国资委考核分配工作领导小组组织实施。

第三十条 年度经营业绩考核以公历年为考核期,任期经营业绩考核以三年为考核期。

第三十一条 经营业绩责任书内容:

(一)双方的单位名称、职务和姓名;

(二)考核内容及指标;

(三)考核与奖惩;

(四)责任书的变更、解除和终止;

(五)其他需要约定的事项。

第三十二条 经营业绩责任书签订程序:

(一)考核期初,企业按照国资委经营业绩考核要求,将考核期内考核目标建议值和必要的说明材料报送国资委。

(二)国资委对考核目标建议值进行审核,并就考核目标值及有关内容同企业沟通后予以确定。

(三)由国资委主任或者其授权代表同企业主要负责人签订经营业绩责任书。

第三十三条 考核期中,国资委对经营业绩责任书执行情况实施预评估,对考核目标完成进度不理想的企业提出预警。

第三十四条 建立重大事项报告制度。企业发生较大及以上生产安全责任事故和网络安全事件、重大及以上突发环境事件、重大及以上质量事故、重大资产损失、重大法律纠纷案件、重大投融资和资产重组等,对经营业绩产生重大影响的,应及时向国资委报告。

第三十五条 经营业绩完成情况按照下列程序进行考核:

(一)考核期末,企业依据经审计的财务决算数据,形成经营业绩总结分析报告报送国资委。

（二）国资委依据经审计并经审核的企业财务决算报告和经审查的统计数据，结合总结分析报告，对企业负责人考核目标的完成情况进行考核，形成考核与奖惩意见。

（三）国资委将考核与奖惩意见反馈给企业。企业负责人对考核与奖惩意见有异议的，可及时向国资委反映。国资委将最终确认的考核结果在一定范围内公开。

第三十六条 落实董事会对经理层的经营业绩考核职权。

（一）授权董事会考核经理层的企业，国资委与董事会授权代表签订年度和任期经营业绩责任书，董事会依据国资委考核要求并结合本企业实际对经理层实施经营业绩考核。

（二）国资委根据签订的经营业绩责任书和企业考核目标完成情况，确定企业主要负责人年度和任期经营业绩考核结果。

（三）董事会根据国资委确定的经营业绩考核结果，结合经理层个人履职绩效，确定经理层业绩考核结果和薪酬分配方案。

第三十七条 董事会应根据国资委经营业绩考核导向和要求，制订、完善企业内部的经营业绩考核办法，报国资委备案。

第六章 奖 惩

第三十八条 年度经营业绩考核和任期经营业绩考核等级分为A、B、C、D四个级别。A级企业根据考核得分，结合企业国际对标行业对标情况综合确定，数量从严控制。

第三十九条 国资委依据年度和任期经营业绩考核结果对企业负责人实施奖惩。经营业绩考核结果作为企业负责人薪酬分配的主要依据和职务任免的重要依据。

第四十条 企业负责人的薪酬由基本年薪、绩效年薪、任期激励收入三部分构成。

第四十一条 对企业负责人实行物质激励与精神激励。物质激励主要包括与经营业绩考核结果挂钩的绩效年薪和任期激励收入。精神激励主要包括给予任期通报表扬等方式。

第四十二条 企业负责人的绩效年薪以基本年薪为基数，根据年度经营业绩考核结果并结合绩效年薪调节系数确定。

第四十三条 绩效年薪按照一定比例实施按月预发放。国资委依据年度经营业绩半年预评估结果对企业负责人预发绩效年薪予以调整。

第四十四条 任期激励收入根据任期经营业绩考核结果，在不超过企业负责人任期内年薪总水平的30%以内确定。

第四十五条 对科技创新取得重大成果、承担重大专项任务和社会参与作出突出贡献的企业，在年度经营业绩考核中给予加分奖励。

第四十六条 对经营业绩优秀以及在科技创新、国际化经营、节能环保、品牌建设等方面取得突出成绩的，经国资委评定后对企业予以任期激励。

第四十七条 连续两年年度经营业绩考核结果为D级或任期经营业绩考核结果为D级，且无重大客观原因的，对企业负责人予以调整。

第四十八条 企业发生下列情形之一的，国资委根据具体情节给予降级或者扣分处理；违规经营投资造成国有资产损失或其他严重不良后果，按照有关规定对相关责任人进行责任追究处理；情节严重的，给予纪律处分或者对企业负责人进行调整；涉嫌犯罪的，依法移送国家监察机关或司法机关查处。

（一）违反《中华人民共和国会计法》《企业会计准则》等有关法律法规规章，虚报、瞒报财务状况的；

（二）企业法定代表人及相关负责人违反国家法律法规和规定，导致发生较大及以上生产安全责任事故和网络安全事件、重大及以上突发环境事件、重大质量责任事故、重大违纪和法律纠纷案件、境外恶性竞争、偏离核定主业盲目投资等情形，造成重大不良影响或者国有资产损失的。

第四十九条 鼓励探索创新，激发和保护企业家精神。企业实施重大科技创新、发展前瞻性战略性产业等，对经营业绩产生重大影响的，按照“三个区分开来”原则和有关规定，可在考核上不做负向评价。

第七章 附 则

第五十条 企业在考核期内经营环境发生重大变化，或者发生清产核资、改制重组、主要负责人变动等情况，国资委可以根据具体情况变更经营业绩责任书的相关内容。

第五十一条 对混合所有制企业以及处于特殊发展阶段的企业，根据企业功能定位、改革目标和发展战略，考核指标、考核方式可以“一企一策”确定。

第五十二条 中央企业专职党组织负责人、纪委书记（纪检监察组组长）的考核有其他规定的，从其规定。

第五十三条 国有资本参股公司、被托管和兼并企业中由国资委管理的企业负责人，其经营业绩考核参照本办法执行。

第五十四条 各省、自治区、直辖市和新疆生产建设兵团国有资产监督管理机构，设区的市、自治州级国有资产监督管理机构对国家出资企业负责人的经营业绩考核，可参照本办法并结合实际制定具体规定。

第五十五条 本办法由国资委负责解释，具体实施方案另行制定。

第五十六条 本办法自2019年4月1日起施行。《中央企业负责人经营业绩考核办法》（国资委令第33号）同时废止。

水利部关于修改部分规章的决定

（2019 年 5 月 10 日水利部令第 50 号公布　自公布之日起施行　国司备字[2020001368]）

为了贯彻落实国务院关于减证便民、优化服务的部署要求，结合证明事项清理工作进展，水利部对部门规章进行了清理，决定修改 4 件部门规章：

一、《水利工程建设程序管理暂行规定》第七条第 3 项修改为：“3. 初步设计文件报批前，一般须由项目法人对初步设计中的重大问题组织论证。设计单位根据论证意见，对初步设计文件进行补充、修改、优化。初步设计由项目法人组织审查后，按国家现行规定权限向主管部门申报审批。”

二、删去《水利工程建设安全生产管理规定》第十一条第二款第（一）项。

三、删去《水利工程建设监理单位资质管理办法》第十一条第一款第（二）项；第一款第（五）项改为第（四）项，将其中的“监理工程师、造价工程师的资格证书和申请人同意注册证明文件”修改为“监理工程师、造价工程师的申请人同意注册证明文件”。删去第二款第（二）项。

四、删去《水利工程质量检测管理规定》第六条第一款第（二）项和第（五）项中的“检测人员的从业资格证明材料复印件”。第二款修改为：“具有乙级资质的检测单位申请甲级资质的，还需提交近三年承担质量检测业务的业绩及相关证明材料。”

同时，对有关规章的条文顺序作了相应调整。

本决定自公布之日起施行。

自然资源行政复议规定

（2019 年 7 月 19 日自然资源部令第 3 号公布　自 2019 年 9 月 1 日起施行　国司备字[2020001317]）

第一条　为规范自然资源行政复议工作，及时高效化解自然资源行政争议，保护公民、法人和其他组织的合法权益，推进自然资源法治建设，根据《中华人民共和国行政复议法》和《中华人民共和国行政复议法实施条例》，制定本规定。

第二条　县级以上自然资源主管部门依法办理行政复议案件，履行行政复议决定，指导和监督行政复议工作，适用本规定。

第三条　自然资源部对全国自然资源行政复议工作进行指导和监督。

上级自然资源主管部门对下级自然资源主管部门的行政复议工作进行指导和监督。

第四条　本规定所称行政复议机关，是指依据法律法规规定履行行政复议职责的自然资源主管部门。

本规定所称行政复议机构，是指自然资源主管部门的法治工作机构。

行政复议机关可以委托所属事业单位承担有关行政复议的事务性工作。

第五条　行政复议机关可以根据工作需要设立行政复议委员会，审议重大、复杂、疑难的行政复议案件，研究行政复议工作中的重大问题。

第六条　行政复议工作人员应当具备与履行职责相适应的政治素质、法治素养和业务能力，忠于宪法和法律，清正廉洁，恪尽职守。

初次从事行政复议的人员，应当通过国家统一法律职业资格考试取得法律职业资格。

第七条 行政复议机关应当依照有关规定配备专职行政复议人员，并定期组织培训，保障其每年参加专业培训的时间不少于三十六个学时。

行政复议机关应当保障行政复议工作经费、装备和其他必要的工作条件。

第八条 行政复议机关应当定期对行政复议工作情况、行政复议决定履行情况以及典型案例等进行统计、分析、通报，并将有关情况向上一级自然资源主管部门报告。

行政复议机关应当建立行政复议信息管理系统，提高案件办理、卷宗管理、统计分析、便民服务的信息化水平。

第九条 县级以上自然资源主管部门应当将行政复议工作情况纳入本部门考核内容，考核结果作为评价领导班子、评先表彰、干部使用的重要依据。

第十条 行政复议机构统一受理行政复议申请。

行政复议机关的其他机构收到行政复议申请的，应当自收到之日起1个工作日内将申请材料转送行政复议机构。

行政复议机构应当对收到的行政复议申请进行登记。

第十一条 行政复议机构收到申请人提出的批评、意见、建议、控告、检举、投诉等信访请求的，应当将相关材料转交信访纪检等工作机构处理，告知申请人并做好记录。

第十二条 行政复议机构认为行政复议申请材料不齐全、表述不清楚或者不符合法定形式的，应当自收到该行政复议申请书之日起5个工作日内，一次性书面通知申请人补正。

补正通知书应当载明下列事项：

（一）需要更改、补充的具体内容；

（二）需要补正的材料、证据；

（三）合理的补正期限；

（四）无正当理由逾期未补正的法律后果。

无正当理由逾期未提交补正材料的，视为申请人放弃行政复议申请。补正申请材料所用时间不计入复议审理期限。

第十三条 有下列情形之一的，行政复议机关不予受理：

（一）未按照本规定第十二条规定的补正通知要求提供补正材料的；

（二）对下级自然资源主管部门作出的行政复议决定或者行政复议告知不服，申请行政复议的；

（三）其他不符合法定受理条件的。

对同一申请人以基本相同的事实和理由重复提出同一行政复议申请的，行政复议机关不再重复受理。

第十四条 对政府信息公开答复不服申请行政复议，有下列情形之一，被申请人已经履行法定告知义务或者说明理由的，行政复议机关可以驳回行政复议申请：

（一）要求提供已经主动公开的政府信息，或者要求公开申请人已经知晓的政府信息，自然资源主管部门依法作出处理、答复的；

（二）要求自然资源主管部门制作、搜集政府信息和对已有政府信息进行汇总、分析、加工等，自然资源主管部门依法作出处理、答复的；

（三）申请人以政府信息公开申请的形式进行信访、投诉、举报等活动，自然资源主管部门告知申请人不作为政府信息公开申请处理的；

（四）申请人的政府信息公开申请符合《中华人民共和国政府信息公开条例》第三十六条第三、五、六、七项规定，自然资源主管部门依法作出处理、答复的；

（五）法律法规规定的其他情形。

符合前款规定情形的，行政复议机关可以不要求被申请人提供书面答复及证据、依据。

第十五条 对投诉、举报、检举和反映问题等事项的处理不服申请行政复议的，属于下列情形之一，自然资源主管部门已经将处理情况予以告知，且告知行为未对申请人的实体权利义务产生不利影响的，行政复议机关可以不予受理或者受理审查后驳回行政复议申请：

（一）信访处理意见、复查意见、复核意见，或者未履行信访法定职责的行为；

（二）履行内部层级监督职责作出的处理、答复，或者未履行该职责的行为；

（三）对明显不具有事务、地域或者级别管辖权的投诉举报事项作出的处理、答复，或者未作处理、答复的行为；

（四）未设定申请人权利义务的重复处理行为、说明性告知行为及过程性行为。

第十六条 行政复议机构应当自受理行政复议申请之日起7个工作日内，向被申请人发出答复通知书，并将行政复议申请书副本或者申请笔录复印件一并发送被申请人。

第十七条 行政复议机构认为申请人以外的公民、法人或者其他组织与被复议的行政行为有利害关系的，可以通知其作为第三人参加行政复议。

申请人以外的公民、法人或者其他组织也可以向行政复议机构提出申请，并提交有利害关系的证明材料，经审查同意后作为第三人参加行政复议。

第十八条 自然资源部为被申请人的，由行政行为的承办机构提出书面答复，报分管部领导审定。

地方自然资源主管部门为被申请人的，由行政行为的承办机构提出书面答复，报本部门负责人签发，并加盖本部门印章。

难以确定行政复议答复承办机构的，由本部门行政复议机构确定。承办机构有异议的，由行政复议机构报本部门负责人确定。

行政行为的承办机构应当指定1至2名代理人参加行政复议。

第十九条 被申请人应当提交行政复议答复书及作出原行政

行为的证据、依据和其他有关材料,并对其提交的证据材料分类编号,对证据材料的来源、证明对象和内容作简要说明。涉及国家秘密的,应当作出明确标识。

被申请人未按期提交行政复议答复书及证据材料的,视为原行政行为没有证据、依据,行政复议机关应当作出撤销该行政行为的行政复议决定。

第二十条 被申请人应当自收到答复通知书之日起10日内,提交行政复议答复书。

行政复议答复书应当载明下列事项:

(一)被申请人的名称、地址、法定代表人的姓名、职务;

(二)委托代理人的姓名、单位、职务、联系方式;

(三)作出行政行为的事实和有关证据;

(四)作出行政行为所依据的法律、法规、规章和规范性文件的具体条款和内容;

(五)对申请人复议请求的意见和理由;

(六)作出答复的日期。

第二十一条 行政复议机关应当为申请人、第三人及其代理人查阅行政复议案卷材料提供必要的便利条件。

申请人、第三人申请查阅行政复议案卷材料的,应当出示身份证件;代理人申请查阅行政复议案卷材料的,应当出示身份证件及授权委托书。申请人、第三人及其代理人查阅行政复议案卷材料时,行政复议机构工作人员应当在场。

第二十二条 对受理的行政复议案件,行政复议机构可以根据案件审理的需要,征求本行政复议机关相关机构的意见。

相关机构应当按照本机构职责范围,按期对行政复议案件提出明确意见,并说明理由。

第二十三条 行政复议案件以书面审理为主。必要时,行政复议机构可以采取实地调查、审查会、听证会、专家论证等方式审理行政复议案件。

重大、复杂、疑难的行政复议案件，行政复议机构应当提请行政复议委员会审议。

第二十四条 申请人对自然资源主管部门作出的同一行政行为或者内容基本相同的行政行为，提出多个行政复议申请的，行政复议机构可以合并审理。

已经作出过行政复议决定，其他申请人以基本相同的事实和理由，对同一行政行为再次提出行政复议申请的，行政复议机构可以简化审理程序。

第二十五条 行政复议期间有下列情形之一的，行政复议中止：

（一）双方当事人书面提出协商解决申请，行政复议机构认为有利于实质性解决纠纷，维护申请人合法权益的；

（二）申请人不以保护自身合法权益为目的，反复提起行政复议申请，扰乱复议机关行政管理秩序的；

（三）法律法规规定需要中止审理的其他情形。

属于前款第一项规定情形的，双方当事人应当明确协商解决的期限。期限届满未能协商解决的，案件恢复审理。

属于前款第二项规定情形，情节严重的，行政复议机关应当及时向有关国家机关通报。

行政复议机构中止行政复议案件审理的，应当书面通知当事人，并告知中止原因；行政复议中止的原因消除后，应当及时恢复行政复议案件的审理。

第二十六条 行政复议机关作出行政复议决定，应当制作行政复议决定书。

行政复议决定书应当符合法律法规的规定，并加盖行政复议机关的印章或者行政复议专用章。

行政复议决定书应当载明申请人不服行政复议决定的法律救济途径和期限。

第二十七条 被复议行政行为的处理结果正确，且不损害申请人的实体权利,但在事实认定、引用依据、证据提交方面有轻微错误的,行政复议机关可以作出驳回复议申请或者维持原行政行为的决定,但应当在行政复议决定书中对被申请人予以指正。

被申请人应当在收到行政复议决定书之日起 60 日内,向行政复议机关作出书面说明,并报告改正情况。

第二十八条 行政行为被行政复议机关撤销、变更、确认违法的,或者行政复议机关责令履行法定职责的,行政行为的承办机构应当适时制作行政复议决定分析报告,向本机关负责人报告,并抄送法治工作机构。

第二十九条 行政复议机关在行政复议过程中,发现被申请人相关行政行为的合法性存在问题,或者需要做好善后工作的,应当制发行政复议意见书,向被申请人指出存在的问题,提出整改要求。

被申请人应当责成行政行为的承办机构在收到行政复议意见书之日起 60 日内完成整改工作,并将整改情况书面报告行政复议机关。

被申请人拒不整改或者整改不符合要求,情节严重的,行政复议机关应当报请有关国家机关依法处理。

行政复议期间,行政复议机构发现法律、法规、规章实施中带有普遍性的问题,可以制作行政复议建议书,向有关机关提出完善制度和改进行政执法的建议。相关机关应当及时向行政复议机构反馈落实情况。

第三十条 有下列情形之一,在整改期限内拒不整改或整改不符合要求的,上级自然资源主管部门可以约谈下级自然资源主管部门负责人,通报有关地方人民政府:

(一)不依法履行行政复议职责,故意将行政复议案件上交的;

(二)反复发生群体性行政复议案件的;

(三)同类行政复议案件反复发生,未采取措施解决的;

(四)逾期不履行行政复议决定、不反馈行政复议意见书和建议书的；

（五）提交虚假证据材料的；

（六）其他事项需要约谈的。

第三十一条 行政复议机关应当将行政复议申请受理情况等信息在本机关门户网站、官方微信等媒体上向社会公开。

推行行政复议决定书网上公开，加强社会对行政复议决定履行情况的监督。

第三十二条 被申请人应当在法定期限内履行生效的行政复议决定，并在履行行政复议决定后30日内将履行情况及相关法律文书送达情况书面报告行政复议机关。

第三十三条 行政复议决定履行期满，被申请人不履行行政复议决定的，申请人可以向行政复议机关提出责令履行申请。

第三十四条 行政复议机关收到责令履行申请书，应当向被申请人进行调查或者核实，依照下列规定办理：

（一）被申请人已经履行行政复议决定，并将履行情况相关法律文书送达申请人的，应当联系申请人予以确认，并做好记录；

（二）被申请人已经履行行政复议决定，但尚未将履行情况相关法律文书送达申请人的，应当督促被申请人将相关法律文书送达申请人；

（三）被申请人逾期未履行行政复议决定的，应当责令被申请人在规定的期限内履行。被申请人拒不履行的，行政复议机关可以将有关材料移送纪检监察机关。

属于本条第一款第二项规定情形的，被申请人应当将相关法律文书送达情况及时报告行政复议机关。

属于本条第一款第三项规定情形的，被申请人应当在收到书面通知之日起30日内履行完毕，并书面报告行政复议机关。被申请人认为没有条件履行的，应当说明理由并提供相关证据、依据。

第三十五条 有下列情形之一，行政复议机关可以决定被申请人中止履行行政复议决定：

（一）有新的事实和证据，足以影响行政复议决定履行的；

（二）行政复议决定履行需要以其他案件的审理结果为依据，而其他案件尚未审结的；

（三）被申请人与申请人达成中止履行协议，双方提出中止履行申请的；

（四）因不可抗力等其他原因需要中止履行的。

本条前款第三项规定的中止履行协议不得损害国家利益、社会公共利益和他人的合法权益。

第三十六条 决定中止履行行政复议决定的，行政复议机关应当向当事人发出行政复议决定中止履行通知书。

行政复议决定中止履行通知书应当载明中止履行的理由和法律依据。中止履行期间，不计算在履行期限内。

中止履行的情形消除后，行政复议机关应当向当事人发出行政复议决定恢复履行通知书。

第三十七条 经审查，被申请人不履行行政复议决定的理由不成立的，行政复议机关应当作出责令履行行政复议决定通知书，并送达被申请人。

第三十八条 被责令重新作出行政行为的，被申请人不得以同一事实和理由作出与原行政行为相同或者基本相同的行为，因违反法定程序被责令重新作出行政行为的除外。

第三十九条 行政复议机关工作人员违反本规定，有下列情形之一，情节严重的，对直接负责的责任人员依法给予处分：

（一）未登记行政复议申请，导致记录不全或者遗漏的；

（二）未按时将行政复议申请转交行政复议机构的；

（三）未保障行政复议当事人、代理人阅卷权的；

（四）未妥善保管案卷材料，或者未按要求将行政复议案卷归档，导致案卷不全或者遗失的；

（五）未对收到的责令履行申请书进行调查核实的；

（六）未履行行政复议职责，导致矛盾上交或者激化的。

第四十条 被申请人及其工作人员违反本规定，有下列情形之一，情节严重的，对直接负责的责任人员依法给予处分：

（一）不提出行政复议答复或者无正当理由逾期答复的；

（二）不提交作出原行政行为的证据、依据和其他有关材料的；

（三）不配合行政复议机关开展行政复议案件审理工作的；

（四）不配合行政复议机关调查核实行政复议决定履行情况的；

（五）不履行或者无正当理由拖延履行行政复议决定的；

（六）不与行政复议机关在共同应诉工作中沟通、配合，导致不良后果的；

（七）对收到的行政复议意见书无正当理由，不予书面答复或者逾期作出答复的。

第四十一条 行政复议案件审结后，案件承办机构应当及时将案件材料立卷归档。

第四十二条 申请人对国家林业和草原局行政行为不服的，应当向国家林业和草原局提起行政复议。

申请人对地方林业和草原主管部门的行政行为不服，选择向其上一级主管部门申请行政复议的，应当向上一级林业和草原主管部门提起行政复议。

自然资源主管部门对不属于本机关受理的行政复议申请，能够明确属于同级林业和草原主管部门职责范围的，应当将该申请转送同级林业和草原主管部门，并告知申请人。

第四十三条 本规定自 2019 年 9 月 1 日起施行。原国土资源部 2017 年 11 月 21 日发布的《国土资源行政复议规定》（国土资源部令第 76 号）同时废止。

自然资源行政应诉规定

（2019 年 7 月 19 日自然资源部令第 4 号公布　自 2019 年 9 月 1 日起施行　国司备字[2020001318]）

第一条　为规范自然资源行政应诉工作，保护公民、法人和其他组织的合法权益，推进自然资源法治建设，根据《中华人民共和国行政诉讼法》和国务院有关规定，结合自然资源管理工作实际，制定本规定。

第二条　自然资源主管部门依法参加行政诉讼活动，适用本规定。

第三条　上级自然资源主管部门应当加强对下级自然资源主管部门行政应诉工作的指导和监督。

第四条　自然资源主管部门的法治工作机构负责组织、协调和指导本部门的行政应诉工作。

自然资源主管部门作出被诉行政行为的工作机构为应诉承办机构，负责承办相应的行政应诉工作。

第五条　自然资源主管部门应当积极支持人民法院依法受理和审理行政诉讼案件，依法履行出庭应诉职责，尊重并执行人民法院生效裁判，自觉接受司法监督。

第六条　自然资源主管部门应当根据行政应诉工作需要，配备、充实工作人员，保障工作经费、装备和其他必要的工作条件，保证行政应诉人员、机构和能力与工作任务相适应。

第七条　自然资源主管部门应当建立行政应诉学习培训制度，开展集中培训、旁听庭审和案例研讨等活动，提高工作人员的行政应诉能力。

第八条　自然资源主管部门应当定期统计和分析行政应诉情况，总结行政应诉中发现的普遍性问题和重点案件，并在本部门内部或者向下级自然资源主管部门通报，督促其改进管理、完善制度。

第九条 自然资源主管部门的法治工作机构负责统一登记人民法院行政案件应诉通知书、裁判文书等。其他工作机构应当于收到的当日转交法治工作机构进行登记。

第十条 自然资源主管部门可以根据应诉工作的需要，聘请律师或者安排公职律师办理自然资源行政诉讼案件。

第十一条 自然资源主管部门应当积极配合检察机关开展公益诉讼工作。

第十二条 自然资源主管部门可以委托所属事业单位承担有关行政应诉的事务性工作。

第十三条 共同应诉案件中，自然资源主管部门可以通过人民法院远程在线应诉平台出庭应诉，也可以委托下一级自然资源主管部门出庭应诉。

第十四条 自然资源主管部门应当依照下列规定确定应诉承办机构，并将应诉通知书及相关材料转交应诉承办机构办理：

（一）被诉的行政行为未经复议的，作出该行政行为的业务工作机构为应诉承办机构；

（二）被诉的行政行为经复议维持的，作出该行政行为的业务工作机构和法治工作机构为应诉承办机构。业务工作机构负责对原行政行为的合法性进行举证和答辩，法治工作机构负责对复议决定的合法性进行举证和答辩；

（三）被诉的行政行为经复议改变的，办理行政复议事项的法治工作机构为应诉承办机构，业务工作机构协助办理。

经自然资源主管部门负责人同意，应诉承办机构可以通知与被诉行政行为有关的其他工作机构参与应诉工作。

确定应诉承办机构有争议的，由法治工作机构提出处理意见，报请自然资源主管部门负责人确定。

第十五条 因行政复议机关维持原行政行为被共同提起诉讼

的，自然资源主管部门的应诉承办机构应当与立案的人民法院联系，并及时与行政复议机关的应诉承办机构沟通。

第十六条 应诉承办机构应当按照人民法院应诉通知书的要求，及时收集整理作出被诉行政行为的证据、依据以及其他有关材料，拟订答辩状，确定应诉承办人员，并制作法定代表人身份证明和授权委托书。

应诉承办机构根据需要，可以提请法治工作机构组织有关机构、单位、法律顾问等对复杂案件进行会商。

第十七条 应诉承办机构应当将答辩状及证据、依据等相关材料提交自然资源主管部门负责人审查批准。

答辩状、法定代表人身份证明、授权委托书应当加盖自然资源主管部门的印章，授权委托书还应当加盖法定代表人签名章或者由法定代表人签字。

第十八条 应诉承办机构应当自自然资源主管部门收到人民法院应诉通知书之日起15日内，按照人民法院的要求将答辩状、证据、依据等相关材料提交立案的人民法院。因不可抗力等正当事由导致证据不能按时提供的，应当向人民法院提出申请，经准许后可以延期提供。

证据、依据等相关材料涉及国家秘密、商业秘密或者个人隐私的，应诉承办机构应当作出明确标注和说明，安排工作人员当面提交给人民法院，由人民法院指定的人员签收。

第十九条 应诉承办机构认为需要向人民法院申请阅卷的，可以向人民法院提出申请，并按照规定查阅、复制卷宗材料。

第二十条 应诉承办机构收到应诉通知书后，认为能够采取解释说明、补充完善相关行政程序、积极履行法定职责等措施化解行政争议的，应当及时提出具体措施的建议，必要时应当经本部门负责人同意，与人民法院、原告沟通协商，但不得采取欺骗、胁迫等手段迫使原告撤诉。

应诉承办机构为化解行政争议所采取的措施，不得损害国家利益、社会公共利益和他人合法权益，不得违反法律法规的规定。

第二十一条 人民法院建议调解的行政争议，应诉承办机构应当提出协调解决方案，经自然资源主管部门负责人批准后，配合人民法院与当事人进行沟通协调。

第二十二条 符合下列情形之一的，自然资源主管部门负责人应当出庭应诉：

（一）涉及重大公共利益、社会高度关注或者可能引发群体性事件，负责人出庭更有利于化解争议的案件；

（二）上级自然资源主管部门建议或者同级人民政府要求负责人出庭应诉的案件；

（三）人民法院书面建议负责人出庭应诉的案件；

（四）其他对自然资源管理可能产生重大影响的案件。

符合前款规定的，应诉承办机构应当及时提出负责人出庭应诉的具体建议。自然资源主管部门负责人确实无法出庭的，应当指定其他工作人员出庭应诉，并按照人民法院的要求，在开庭审理前向人民法院作出书面说明。

第二十三条 符合下列情形之一的，应诉承办机构负责人应当出庭应诉：

（一）自然资源主管部门负责人要求应诉承办机构负责人出庭的案件；

（二）自然资源主管部门提起上诉或者申请再审的案件；

（三）其他对本机构业务执法标准可能产生重大影响的案件。

第二十四条 出庭应诉人员应当按时到庭。未经法庭许可，不得中途退庭。确因特殊情况不能按时出庭的，应当提前告知人民法院并说明事由，经法院许可申请延期。

第二十五条 出庭应诉人员应当根据人民法院的要求参加庭审活动，遵守司法程序和法庭纪律，尊重审判人员和其他诉讼参加人。

第二十六条 庭审结束后需要补充答辩意见和相关材料的，

应诉承办机构应当在人民法院要求的期限内提供。

第二十七条 应诉承办机构应当对人民法院裁判文书进行认真研究,认为依法应当提起上诉、申请再审的,经自然资源主管部门负责人批准后,应当在法定期限内向有管辖权的人民法院提交上诉状或者再审申请书,并将上诉状或者再审申请书抄送法治工作机构。

行政复议决定维持原行政行为的,作出原行政行为的自然资源主管部门或者行政复议机关认为应当提起上诉、申请再审的,双方应当进行协商。

第二十八条 自然资源主管部门决定不提起上诉、申请再审的,应诉承办机构应当于人民法院裁判文书生效之日起10日内,将裁判结果及分析情况向本部门负责人报告,同时抄送法治工作机构。因同一原因导致多个案件收到相同裁判结果的,可以合并报告。

自然资源部作出原行政行为的业务工作机构和行政复议机构共同应诉的,由作出原行政行为的业务工作机构负责报告;因行政复议程序导致败诉的,由行政复议机构负责报告。

第二十九条 二审案件、再审案件由原承办一审案件、二审案件的应诉承办机构负责承办行政应诉工作。

第三十条 人民法院的裁判文书需要履行的,应诉承办机构应当按照法律规定的期限履行。重大、疑难、复杂案件应当自判决、裁定和调解书生效之日起10日内提出履行的意见,报经本部门负责人批准后组织实施,并在判决、裁定和调解书生效之日起30日内,向负责人报告履行情况,同时抄送法治工作机构。

依法提出再审申请的,应诉承办机构应当就履行的意见与相关人民法院进行沟通。

第三十一条 人民法院依法判决自然资源主管部门承担赔偿责任的,应诉承办机构应当会同相关机构依照法律法规和国家有关规定制定赔偿方案,经本部门负责人批准后,办理支付赔偿费用手续。

第三十二条 需要缴纳诉讼费用的，由应诉承办机构会同相关机构办理。

第三十三条 自然资源主管部门收到人民法院提出的司法建议后，应诉承办机构应当组织研究落实，提出具体措施、意见和建议，对存在的违法或者不当的行政行为进行整改，并将有关情况及时向人民法院反馈。涉及多个应诉承办机构的，由法治工作机构牵头，组织应诉承办机构研究落实。

第三十四条 自然资源主管部门收到人民法院对本部门制发的规范性文件的处理建议的，应当组织研究，并于60日内向人民法院反馈处理意见。发现该规范性文件与法律法规规章的规定相抵触的，应当及时废止该规范性文件，并向社会公开。

第三十五条 县级以上自然资源主管部门应当将行政应诉工作情况纳入本部门考核内容，考核结果作为评价领导班子、评先表彰、干部使用的重要依据。

应诉承办机构负责人和地方自然资源主管部门负责人进行年度述职时，应当报告履行出庭应诉职责情况。

第三十六条 自然资源主管部门工作人员违反本规定，有下列情形之一，情节严重的，对直接负责的责任人员依法予以处分：

（一）收到人民法院的法律文书后未及时处理或者转交的；

（二）不按照本规定提交证据、依据及其他相关材料，履行答辩、举证等法定义务的；

（三）无正当理由不出庭应诉，也不委托相应的工作人员出庭的；

（四）出庭应诉人员无正当理由未按时出庭或者未经法院许可中途退庭的；

（五）拒绝履行或者无正当理由拖延履行人民法院发生法律效力的判决、裁定和调解书，被人民法院强制执行的；

（六）无法定事由未全面履行人民法院发生法律效力的判决、

裁定和调解书的；

（七）不依法及时处理司法机关司法建议，不整改本部门、本单位存在的违法行政问题的；

（八）应当提起上诉、申请再审的案件，拖延或者怠于履行提起上诉、申请再审职责，导致国家蒙受重大损失的；

（九）败诉后新作出的行政行为因相同原因导致再次败诉的，以及推卸责任导致败诉的；

（十）其他违反本规定的行为。

第三十七条 应诉承办机构应当在行政诉讼活动全部结束后，将案件材料进行收集整理装订，依照档案管理的有关规定归档、移交。

第三十八条 自然资源主管部门参加行政赔偿诉讼活动，自然资源部办理国务院裁决案件的答复事项，参照本规定执行。

第三十九条 本规定自2019年9月1日起施行。原国土资源部2017年5月8日发布的《国土资源行政应诉规定》（国土资源部令第71号）同时废止。

关于《期货交易管理条例》第七十条第五项“其他操纵期货交易价格行为”的规定

（2019年11月18日中国证券监督管理委员会令第160号公布　自公布之日起施行　国司备字[2020001366]）

第一条 为防范和打击操纵期货交易价格违法行为，依据《期货交易管理条例》第四十六条和第七十条，制定本规定。

第二条 不以成交为目的，频繁申报、撤单或者大额申报、撤单，影响期货交易价格或者期货交易量，并进行与申报方向相反的交易或者谋取相关利益的，构成操纵。

第三条 编造、传播虚假信息或者误导性信息，影响期货交易价格或者期货交易量，并进行相关交易或者谋取相关利益的，构成操纵。

第四条 对合约或合约标的物作出公开评价、预测或者投资建议，影响期货交易价格或者期货交易量，并进行与其评价、预测或者投资建议方向相反的期货交易的，构成操纵。

第五条 在临近交割月或者交割月，利用不正当手段规避持仓限制，形成持仓优势，影响期货交易价格的，构成操纵。

第六条 任何单位或者个人不得以其他方式操纵期货交易价格。

第七条 任何单位或者个人有本规定行为的，依照《期货交易管理条例》第七十条的规定处理。

第八条 本规定自公布之日起施行。

宗教团体管理办法

（2019 年 11 月 20 日国家宗教事务局令第 13 号公布
自 2020 年 2 月 1 日起施行　国司备字［2020001369］）

第一章　总　　则

第一条 为了规范宗教团体管理，促进宗教团体健康发展，积极引导宗教与社会主义社会相适应，根据国家社会团体管理和宗教事务管理有关规定，制定本办法。

第二条 本办法所称宗教团体，是指信教公民自愿组成，为团结信教公民爱国爱教、促进宗教健康发展，按照其章程开展活动的非营利性社会组织。

宗教团体是中国共产党和人民政府团结、联系宗教界人士和广大信教公民的桥梁和纽带。

第三条 成立宗教团体应当按照国家社会团体登记管理和宗教事务管理规定,经人民政府宗教事务部门审查同意并到人民政府民政部门登记。

未经人民政府宗教事务部门审查同意,或者未在人民政府民政部门登记,不得以宗教团体的名义开展活动。

第四条 宗教团体章程应当符合国家社会团体管理和宗教事务管理有关规定。宗教团体按照章程开展活动,受法律保护。

第五条 宗教团体必须坚持中国共产党的领导,遵守宪法、法律、法规、规章和政策,坚持独立自主自办的原则,坚持我国宗教中国化方向,践行社会主义核心价值观,维护国家统一、民族团结、宗教和睦与社会稳定。

第六条 人民政府宗教事务部门是宗教团体的业务主管单位。宗教团体应当接受人民政府宗教事务部门的业务指导和监督管理。

第二章 宗教团体组织机构

第七条 宗教团体应当根据国家社会团体管理和宗教事务管理有关规定以及本团体章程规定,按照民主、精干、高效的原则建立组织机构。

第八条 宗教团体代表会议是宗教团体的最高权力机构。理事会(委员会)是代表会议的执行机构,对代表会议负责。

理事会(委员会)人数较多的宗教团体可以设立常务理事会(常务委员会),常务理事会(常务委员会)对理事会(委员会)负责。

第九条 宗教团体代表会议、理事会(委员会)和常务理事会(常务委员会)应当按照国家社会团体管理有关规定和本团体章程定期召开会议,决定相关事项,行使职权。

第十条 宗教团体的理事(委员)、常务理事(常务委员)、会长

(主席、主任)、副会长(副主席、副主任)、秘书长(总干事)、副秘书长(副总干事)应当按照国家社会团体管理有关规定和本团体章程规定产生,并履行职责。

第十一条 会长(主席、主任)不得兼任其他社会团体包括宗教团体的会长(主席、主任),所任会长(主席、主任)的宗教团体合署办公的除外。会长(主席、主任)应当是具有中华人民共和国国籍的内地居民,年龄一般不得超过70周岁。

会长(主席、主任)每届任期五年,一般可连选连任一届。

会长(主席、主任)一般应当在团体驻会办公,特殊情况下,会长(主席、主任)不能驻会的,应当由常务副会长(常务副主席、常务副主任)负责团体日常工作。副会长(副主席、副主任)中应当至少有一位驻会。

第十二条 宗教团体法定代表人一般应当由会长(主席、主任)担任。宗教团体法定代表人不得兼任其他社会团体包括宗教团体的法定代表人。

第十三条 宗教团体应当根据业务范围和实际工作需要,合理设置办事机构。

第十四条 宗教团体设立分支机构、代表机构,应当符合本团体章程规定的宗旨和业务范围,并经理事会(委员会)或者常务理事会(常务委员会)讨论通过。

分支机构可以称分会、专业委员会、工作委员会等。代表机构可以称代表处、办事处、联络处。

分支机构、代表机构不具有法人资格,不得另行制定章程,其名称不得以各类法人组织的名称命名,不得冠以“中国”“中华”“全国”“国家”等字样,开展活动应当使用冠有所属宗教团体名称的规范全称。

宗教团体不得设立地域性的分支机构,不得在分支机构、代表机构下再设立分支机构、代表机构。

第十五条 宗教团体应当加强领导班子建设,按照政治上可靠、作风上民主、工作上高效的标准,建设高素质领导班子。

第三章 宗教团体职能

第十六条 宗教团体应当依法依章程开展工作,履行法律、法规、规章和本团体章程规定的职能。

第十七条 宗教团体应当向宗教教职人员和信教公民宣传中国共产党的方针政策以及国家法律、法规、规章,教育引导宗教教职人员和信教公民拥护中国共产党的领导,拥护社会主义制度,坚持走中国特色社会主义道路,遵守法律、法规、规章和政策,正确处理国法与教规关系,增强国家意识、法治意识、公民意识。

第十八条 宗教团体应当联系、服务宗教教职人员和信教公民,反映宗教界的意见和合理诉求,维护宗教教职人员和信教公民的合法权益,引导宗教教职人员和信教公民履行公民义务。

第十九条 宗教团体应当根据宪法、法律、法规、规章、政策以及实际工作需要,在业务范围内制定有关宗教院校、宗教活动场所、宗教教职人员、宗教活动等方面的规章制度并督促落实。

第二十条 全国性宗教团体和省、自治区、直辖市宗教团体应当履行宗教院校办学主体责任,对所举办宗教院校进行日常管理和指导监督,指导宗教院校坚持正确的办学方向,提高办学质量,完善董事会或者理事会等组织机构和议事决策制度,完善宗教院校内部管理和运行机制;支持宗教院校改善办学条件,帮助解决办学中遇到的困难和问题,保障宗教院校有稳定的办学经费。

第二十一条 宗教团体应当指导宗教活动场所成立管理组织,完善内部管理制度,实行民主管理,规范宗教活动和财务管理。

宗教团体应当指导宗教活动场所协商产生宗教活动场所主要教职人选,并对担任或者离任宗教活动场所主要教职的宗教教职人员进行审核,审核同意后指导宗教活动场所向人民政府宗教事务部门备案。

宗教团体根据实际需要，依法申请设立宗教活动场所；对宗教活动场所申请法人登记，提出审核意见。

第二十二条 宗教团体应当进行宗教文化、宗教典籍研究，开展宗教思想建设，深入挖掘教义教规中有利于社会和谐、时代进步、健康文明的内容，对教义教规作出符合当代中国发展进步要求、符合中华优秀传统文化的阐释。

第二十三条 宗教团体应当按照全国性宗教团体制定的宗教教职人员认定办法认定宗教教职人员，并报人民政府宗教事务部门备案。

宗教团体应当加强宗教教职人员的法治教育、政治教育、文化教育、宗教教育，提高宗教教职人员的综合素质。

宗教团体应当加强教风建设，健全宗教教职人员奖惩机制和准入、退出机制，对违反法律、法规、规章和本团体规章制度的宗教教职人员，依规予以惩处。

第二十四条 全国性宗教团体和省、自治区、直辖市宗教团体可以根据本宗教的需要，按照国家有关规定选派和接收宗教留学人员，规范留学人员留学渠道。

全国性宗教团体应当制定本宗教选派和接收宗教留学人员办法，并报国家宗教事务局备案。

第四章 监督管理

第二十五条 人民政府宗教事务部门应当履行业务主管单位的职责，根据国家有关法律、法规、规章，对宗教团体的下列事务进行指导和管理：

（一）负责宗教团体设立、变更、注销登记以及章程核准前的业务审查，负责宗教团体年度工作报告的审查，会同有关机关指导宗教团体的注销登记清算事宜；

（二）监督、指导宗教团体依法依章程开展活动、履行职能，对

宗教团体违反法律、法规、规章、政策和本团体章程的行为,依法予以处理;

(三)对宗教团体依法向人民政府宗教事务部门申请审批的事项进行审批、监督和管理;

(四)监督、指导宗教团体根据宪法、法律、法规、规章、政策以及实际工作需要,建立健全规章制度,加强思想建设、组织建设、作风建设和制度建设;

(五)法律、法规规定的其他需要指导和管理的事项。

第二十六条 宗教团体的下列事项,应当报其业务主管单位审核同意:

(一)法律、法规规定应当经业务主管单位审批的事项;

(二)调整本团体会长(主席、主任)、副会长(副主席、副主任)、秘书长(总干事)和办事机构以及办事机构负责人,聘请名誉会长(主席、主任);

(三)举办重大会议、活动、培训以及开展对外交流活动;

(四)开展活动拟冠以人民政府宗教事务部门作为支持单位、主办单位;

(五)接受国(境)外组织或者个人捐赠宗教书刊、音像制品或者捐赠金额超过10万元;

(六)其他应当报业务主管单位审核的事项。

第二十七条 宗教团体的下列事项,应当事前书面报告其业务主管单位:

(一)工作规划、年度工作计划、年度工作总结;

(二)大额财务支出、重大资产处置、重大建设工程项目;

(三)成立分支机构、代表机构、社会组织以及经济实体;

(四)发生安全事故,造成人员伤亡或财产损失;

(五)本团体内部或者本团体与其他方面发生矛盾、纠纷,影响本团体工作正常开展;

(六)发生重大违法违规问题;

（七）其他应当报告业务主管单位的事项。

特殊情况下，不能事前书面报告的，宗教团体应当在事中或者事后及时书面报告其业务主管单位。

第二十八条 宗教团体应当按照国家社会团体管理有关规定和本团体章程，规范代表会议、理事会（委员会）、常务理事会（常务委员会）、会长（主席、主任）会议、会长（主席、主任）办公会议制度，完善民主决策机制。

第二十九条 宗教团体应当制定工作规划和年度工作计划，明确远期目标和近期任务，并保障规划和计划得到贯彻执行。

第三十条 宗教团体应当制定本团体工作人员管理制度，明确工作职责和工作纪律，规范工作人员的宗教活动、社会活动、对外交流等。

宗教团体工作人员包括会长（主席、主任）、副会长（副主席、副主任）、秘书长（总干事）、副秘书长（副总干事）、办事机构工作人员。

第三十一条 宗教团体应当建立会长（主席、主任）、副会长（副主席、副主任）、秘书长（总干事）述职和民主评议制度。

第三十二条 宗教团体应当建立学习制度，组织本团体工作人员学习中国共产党的重大决策部署、国家政策法规、中华优秀传统文化、宗教知识等。

第三十三条 宗教团体开展互联网宗教信息服务，应当健全相关内部管理制度，遵守互联网宗教信息服务相关规定。

第三十四条 宗教团体应当执行国家统一的财务、资产、会计制度，建立健全会计核算、财务报告、财务公开等制度，建立健全财务管理机构，配备必要的会计人员，加强财务管理，定期向所在地的县级以上人民政府宗教事务部门报告财务状况、收支情况和接受、使用捐赠情况等，并以适当方式向信教公民公布。

第三十五条 宗教团体的法定代表人、主管财务的负责人，以及财务部门的负责人，在离任、退休、调离工作岗位时，应当接受财务审计。

第三十六条 宗教团体应当依法办理税务登记、办理纳税申报，按照国家有关规定享受税收优惠。

第五章 法律责任

第三十七条 宗教团体存在内部治理不规范、未按章程规定履行职责等问题的，人民政府宗教事务部门应当对其会长（主席、主任）进行工作约谈；情节严重的，给予通报批评、限期整改等。

第三十八条 宗教团体违反国家社会团体管理、宗教事务管理有关规定的，由人民政府宗教事务部门、民政部门等依法处理；违反其他法律、法规的，依法追究法律责任。

第六章 附则

第三十九条 本办法由国家宗教事务局负责解释。

第四十条 本办法未尽事宜，按国家有关规定执行。

第四十一条 本办法自2020年2月1日起实施。

生活垃圾焚烧发电厂自动监测数据应用管理规定

（2019年11月21日生态环境部令第10号公布 自2020年1月1日起施行 国司备字[2020001344]）

第一条 为规范生活垃圾焚烧发电厂自动监测数据使用，推动生活垃圾焚烧发电厂达标排放，依法查处环境违法行为，根据《中华人民共和国环境保护法》《中华人民共和国大气污染防治法》

等法律法规，制定本规定。

第二条 本规定适用于投入运行的生活垃圾焚烧发电厂（以下简称垃圾焚烧厂）。

第三条 设区的市级以上地方生态环境主管部门应当将垃圾焚烧厂列入重点排污单位名录。

垃圾焚烧厂应当按照有关法律法规和标准规范安装使用自动监测设备，与生态环境主管部门的监控设备联网。

垃圾焚烧厂应当按照《固定污染源烟气（SO_2、NO_X、颗粒物）排放连续监测技术规范》（HJ75）等标准规范要求，对自动监测设备开展质量控制和质量保证工作，保证自动监测设备正常运行，保存原始监测记录，并确保自动监测数据的真实、准确、完整、有效。

第四条 垃圾焚烧厂应当按照生活垃圾焚烧发电厂自动监测数据标记规则（以下简称标记规则），及时在自动监控系统企业端，如实标记每台焚烧炉工况和自动监测异常情况。

自动监测设备发生故障，或者进行检修、校准的，垃圾焚烧厂应当按照标记规则及时标记；未标记的，视为数据有效。

第五条 生态环境主管部门可以利用自动监控系统收集环境违法行为证据。自动监测数据可以作为判定垃圾焚烧厂是否存在环境违法行为的证据。

第六条 一个自然日内，垃圾焚烧厂任一焚烧炉排放烟气中颗粒物、氮氧化物、二氧化硫、氯化氢、一氧化碳等污染物的自动监测日均值数据，有一项或者一项以上超过《生活垃圾焚烧污染控制标准》（GB18485）或者地方污染物排放标准规定的相应污染物24小时均值限值或者日均值限值，可以认定其污染物排放超标。

自动监测日均值数据的计算，按照《污染物在线监控（监测）系统数据传输标准》（HJ212）执行。

对二噁英类等暂不具备自动监测条件的污染物，以生态环境主管部门执法监测获取的监测数据作为超标判定依据。

第七条 垃圾焚烧厂应当按照国家有关规定，确保正常工况下焚烧炉炉膛内热电偶测量温度的5分钟均值不低于850℃。

第八条 生态环境主管部门开展行政执法时，可以按照监测技术规范要求采集一个样品进行执法监测，获取的监测数据可以作为行政执法的证据。

生态环境主管部门执法监测获取的监测数据与自动监测数据不一致的，以生态环境主管部门执法监测获取的监测数据作为行政执法的证据。

第九条 生态环境主管部门执法人员现场调查取证时，应当提取自动监测数据，制作调查询问笔录或者现场检查（勘察）笔录，并对提取过程进行拍照或者摄像，或者采取其他方式记录执法过程。

经现场调查核实垃圾焚烧厂污染物超标排放行为属实的，生态环境主管部门应当当场责令垃圾焚烧厂改正违法行为，并依法下达责令改正违法行为决定书。

生态环境主管部门执法人员现场调查时，可以根据垃圾焚烧厂的违法情形，收集下列证据：

（一）当事人的身份证明；

（二）调查询问笔录或者现场检查（勘察）笔录；

（三）提取的热电偶测量温度的五分钟均值数据、自动监测日均值数据或者数据缺失情况；

（四）自动监测设备运行参数记录、运行维护记录；

（五）相关生产记录、污染防治设施运行管理台账等；

（六）自动监控系统企业端焚烧炉工况、自动监测异常情况数据及标记记录；

（七）其他需要的证据。

生态环境主管部门执法人员现场从自动监测设备提取的数据，应当由垃圾焚烧厂直接负责的主管人员或者其他责任人员签字确认。

第十条 根据本规定第六条认定为污染物排放超标的，依照

《中华人民共和国大气污染防治法》第九十九条第二项的规定处罚。对一个自然月内累计超标5天以上的，应当依法责令限制生产或者停产整治。

垃圾焚烧厂存在下列情形之一，按照标记规则及时在自动监控系统企业端如实标记的，不认定为污染物排放超标：

（一）一个自然年内，每台焚烧炉标记为"启炉""停炉""故障""事故"，且颗粒物浓度的小时均值不大于150毫克/立方米的时段，累计不超过60小时的；

（二）一个自然年内，每台焚烧炉标记为"烘炉""停炉降温"的时段，累计不超过700小时的；

（三）标记为"停运"的。

第十一条 垃圾焚烧厂正常工况下焚烧炉炉膛内热电偶测量温度的五分钟均值低于850℃，一个自然日内累计超过5次的，认定为"未按照国家有关规定采取有利于减少持久性有机污染物排放的技术方法和工艺"，依照《中华人民共和国大气污染防治法》第一百一十七条第七项的规定处罚。

下列情形不认定为"未按照国家有关规定采取有利于减少持久性有机污染物排放的技术方法和工艺"：

（一）因不可抗力导致焚烧炉炉膛内热电偶测量温度的五分钟均值低于850℃，提前采取了有效措施控制烟气中二噁英类污染物排放，按照标记规则标记为"炉温异常"的；

（二）标记为"停运"的。

第十二条 垃圾焚烧厂违反本规定第三条第三款，导致自动监测数据缺失或者无效的，认定为"未保证自动监测设备正常运行"，依照《中华人民共和国大气污染防治法》第一百条第三项的规定处罚。

下列情形不认定为"未保证自动监测设备正常运行"：

（一）在一个季度内，每台焚烧炉标记为"烟气排放连续监测系统（CEMS）维护"的时段，累计不超过30小时的；

（二）标记为“停运”的。

第十三条 垃圾焚烧厂通过下列行为排放污染物的，认定为“通过逃避监管的方式排放大气污染物”，依照《中华人民共和国大气污染防治法》第九十九条第三项的规定处罚：

（一）未按照标记规则虚假标记的；

（二）篡改、伪造自动监测数据的。

第十四条 垃圾焚烧厂任一焚烧炉出现污染物排放超标，或者未按照国家有关规定采取有利于减少持久性有机污染物排放的技术方法和工艺的情形，持续数日的，按照其违法的日数依法分别处罚；不同焚烧炉分别出现上述违法情形的，依法分别处罚。

第十五条 垃圾焚烧厂5日内多次出现污染物超标排放，或者未按照国家有关规定采取有利于减少持久性有机污染物排放的技术方法和工艺的情形的，生态环境主管部门执法人员可以合并开展现场调查，分别收集每个违法行为的证据，分别制作行政处罚决定书或者列入同一行政处罚决定书。

第十六条 篡改、伪造自动监测数据或者干扰自动监测设备排放污染物，涉嫌构成犯罪的，生态环境主管部门应当依法移送司法机关，追究刑事责任。

第十七条 垃圾焚烧厂因污染物排放超标等环境违法行为被依法处罚的，应当依照国家有关规定，核减或者暂停拨付其国家可再生能源电价附加补贴资金。

第十八条 生活垃圾焚烧发电厂自动监测数据标记规则由生态环境部另行制定。

第十九条 本规定由生态环境部负责解释。

第二十条 本规定自2020年1月1日起施行。

公安机关鉴定机构登记管理办法

（2019 年 11 月 22 日公安部令第 155 号公布　自 2020 年 5 月 1 日起施行　国司备字［2020001343］）

第一章　总　　则

第一条　为规范公安机关鉴定机构资格登记管理工作，适应打击犯罪、保护人民、维护社会治安稳定和司法公正的需要，根据《全国人民代表大会常务委员会关于司法鉴定管理问题的决定》和有关法律、法规，结合公安机关工作实际，制定本办法。

第二条　本办法所称公安机关鉴定机构（以下简称鉴定机构），是指公安机关及其所属的科研机构、院校、医院和专业技术协会等依法设立并开展鉴定工作的组织。

第三条　本办法所称的鉴定，是指为解决案（事）件调查和诉讼活动中某些专门性问题，公安机关鉴定机构的鉴定人运用自然科学和社会科学的理论成果与技术方法，对人身、尸体、生物检材、痕迹、文件、证件、视听资料、电子数据及其它相关物品、物质等进行检验、鉴别、分析、判断，并出具鉴定意见或者检验结果的科学实证活动。

第四条　鉴定机构的登记管理工作应当根据国家有关法律法规和本办法的规定，遵循依法、公正、及时的原则，保证登记管理工作规范、有序、高效。

第二章　登记管理部门

第五条　公安部和各省、自治区、直辖市公安厅、局设立或者指定统一的登记管理部门，负责鉴定机构资格的审核登记、年度审验、变更、注销、复议、名册编制与备案、监督管理与处罚等。

第六条 公安部登记管理部门负责各省、自治区、直辖市公安厅、局，部属科研机构、院校和专业技术协会，国家移民管理局及其所属单位鉴定机构的登记管理工作。

省、自治区、直辖市公安厅、局登记管理部门负责所属地市级、县级公安机关，以及省级公安机关所属院校、医院和专业技术协会的鉴定机构的登记管理工作。

第七条 登记管理部门不得收取鉴定资格登记申请单位和鉴定机构的任何登记管理费用。

登记管理部门的有关业务经费分别列入公安部和各省、自治区、直辖市公安厅、局的年度经费预算。

第三章 资格登记

第八条 鉴定机构经登记管理部门核准登记，取得《鉴定机构资格证书》，方可进行鉴定工作。

《鉴定机构资格证书》由公安部统一监制，分为正本和副本，正本和副本具有同等的法律效力。《鉴定机构资格证书》正本悬挂于鉴定机构住所内醒目位置，副本主要供外出办理鉴定有关业务时使用。

第九条 鉴定机构登记的事项包括：名称、住所、法定代表人或者主要负责人、鉴定人、鉴定项目、注册固定资产、使用的技术标准目录等。

第十条 单位申请鉴定机构资格，应当具备下列条件：

（一）有单位名称和固定住所；

（二）有适合鉴定工作的办公和业务用房；

（三）有明确的鉴定项目范围；

（四）有在项目范围内进行鉴定必需的仪器、设备；

（五）有在项目范围内进行鉴定必需的依法通过资质认定或者

实验室认可的实验室；

（六）有在项目范围内进行鉴定必需的资金保障；

（七）有开展该鉴定项目的三名以上的鉴定人；

（八）有完备的鉴定工作管理制度。

第十一条 单位申请设立鉴定机构，应当向登记管理部门提交下列材料：

（一）《鉴定机构资格登记申请表》；

（二）所有鉴定人的名册；

（三）所有鉴定人的警务技术职务任职资格或者专业技术职称证明材料、学历证书的复印件；

（四）办公和业务用房的平面比例图；

（五）仪器设备登记表；

（六）鉴定采用的技术标准目录；

（七）鉴定机构内部管理工作制度；

（八）鉴定机构的法人代表证明，或者同级公安机关负责人关于保证鉴定人独立开展鉴定工作的书面承诺；

（九）应当提交的其他材料。

第十二条 公安机关的鉴定机构可以申报登记开展下列鉴定项目：

（一）法医类鉴定，包括法医临床、法医病理、法医人类学和法医精神病鉴定；

（二）DNA 鉴定；

（三）痕迹鉴定；

（四）理化鉴定，包括毒物、毒品和微量物质的鉴定；

（五）文件证件鉴定；

（六）声像资料鉴定；

（七）电子数据鉴定；

（八）环境损害鉴定；

（九）交通事故鉴定；

（十）心理测试；

（十一）警犬鉴别。

根据科学技术发展和公安工作需要，鉴定机构可以申请开展其他鉴定项目。

第十三条 省、自治区、直辖市公安厅、局，部属科研机构、院校和专业技术协会，国家移民管理局及其所属单位等申请设立鉴定机构，应当向公安部登记管理部门提交申请材料。

省、自治区、直辖市公安厅、局所属院校、医院和专业技术协会，以及地市级公安机关申请设立鉴定机构，应当向所在省、自治区、直辖市公安厅、局登记管理部门提交申请材料。

县级公安机关申请设立鉴定机构，应当由地市级公安机关向所在省、自治区、直辖市公安厅、局登记管理部门提交申请材料。

第十四条 登记管理部门收到申请登记材料后，应当在二十个工作日内作出是否准予登记的决定，情况特殊的，可以延长至三十个工作日。提交申请材料不全的，期限从补齐材料之日起计算。

公安机关一个独立法人单位（含市辖区公安分局）只核准登记一个鉴定机构。因工作需要，可以设立分支机构。

登记管理部门对符合登记条件的，应当作出准予登记的决定，在期限内颁发《鉴定机构资格证书》；对不符合登记条件的，作出不予登记的决定。

第四章　年度审验

第十五条 登记管理部门应当每年对鉴定机构资格审验一次，并及时将审验结果通报至鉴定机构。

第十六条 鉴定机构有下列情形之一的，年度审验不合格：

（一）所属鉴定人人数达不到登记条件的；

（二）因技术用房、仪器设备、资金保障、鉴定人能力的缺陷已无法保证鉴定质量的；

（三）资质认定或者实验室认可资格被暂停或者取消的；

（四）出具错误鉴定意见并导致发生重大责任事故的。

第十七条 对于年度审验不合格的鉴定机构，登记管理部门应当责令其限期改正。鉴定机构应当在改正期内暂停相关鉴定项目。

第五章 资格的变更与注销

第十八条 有下列情形之一的，鉴定机构应当向原登记管理部门申请变更登记：

（一）变更鉴定机构住所的；

（二）变更鉴定机构主要负责人的；

（三）变更鉴定机构鉴定项目的；

（四）变更鉴定机构名称的。

鉴定机构申请变更登记，应当提交《公安机关鉴定机构资格变更登记申请表》。

第十九条 登记管理部门收到鉴定机构变更登记申请后，应当在十五个工作日内作出是否准予变更登记的决定。准予变更登记的，重新颁发《鉴定机构资格证书》。

第二十条 鉴定机构有下列情形之一的，应当主动向登记管理部门申请注销鉴定资格，登记管理部门也可以直接注销其鉴定资格：

（一）年度审验不合格，在责令改正期限内没有改正的；

（二）提供虚假申报材料骗取登记的；

（三）因主管部门变化需要注销登记的；

（四）法律、法规规定的其他情形。

第二十一条 鉴定机构的鉴定资格注销后，登记管理部门应当向鉴定机构的主管部门发出《注销鉴定机构资格通知书》，收回《鉴定机构资格证书》。

第二十二条 被注销鉴定资格的鉴定机构,经改正后符合登记条件的,可以重新申请登记。

第六章 复 议

第二十三条 鉴定机构对登记管理部门作出不予登记、年度审验不合格、不予变更登记或者注销登记等决定不服的,可以在收到相应通知后三十个工作日内向登记管理部门申请复议。

第二十四条 登记管理部门收到有关复议申请后,应当以集体研究的方式进行复议,在十五个工作日内作出复议决定,并在十个工作日内将《复议决定通知书》送达申请复议的单位。

第七章 名册编制与备案

第二十五条 登记管理部门应当按照登记管理权限,将核准登记的鉴定机构编入本部门管理的公安机关鉴定机构名册。

第二十六条 登记管理部门应当按照有关规定,对核准登记的鉴定机构进行备案登记。

第二十七条 登记管理部门应当建立鉴定机构档案。

鉴定机构档案包括本办法第十一条第(一)至(九)项,以及资格的年度审验、变更、注销等资料。

第八章 监督管理与处罚

第二十八条 登记管理部门应当对鉴定机构进行监督管理。内容包括:

(一)鉴定的基础设施和工作环境情况;

(二)鉴定用仪器设备的配置、维护和使用情况;

(三)鉴定工作业绩情况;

（四）鉴定人技能培训情况；

（五）鉴定文书档案和证物保管情况；

（六）鉴定工作规章制度和执行情况；

（七）遵守鉴定程序、技术标准和鉴定质量管理情况等。

第二十九条 登记管理部门对公民、法人和其他组织举报、投诉鉴定机构的，应当及时进行调查，并根据调查结果依法进行处理。

第三十条 登记管理部门对鉴定机构违反本办法的，可以下达《责令改正通知书》，责令其在三个月内改正。

第三十一条 鉴定机构出具错误鉴定意见并导致发生重大责任事故的，应当在发现发生重大责任事故三个工作日内，向登记管理部门书面报告。

省级登记管理部门接到书面报告后，应当及时将情况上报公安部登记管理部门。

第三十二条 鉴定机构有下列情形之一的，登记管理部门应当立即暂停其部分或者全部鉴定项目：

（一）不能保证鉴定质量的；

（二）无法完成所登记的鉴定项目的；

（三）仪器设备不符合鉴定要求的；

（四）未按规定办理变更登记手续的；

（五）擅自增加鉴定项目或者扩大受理鉴定范围的。

被暂停的鉴定项目，鉴定机构不得出具鉴定意见。

第三十三条 鉴定机构有下列情形之一的，登记管理部门应当予以通报批评：

（一）出具错误鉴定意见的；

（二）所属鉴定人因过错被注销鉴定资格的；

（三）发现鉴定意见错误或者发生重大责任事故不及时报告的；

（四）登记管理部门限期改正逾期不改的；

（五）擅自增加收费项目或者提高收费标准的。

第三十四条 鉴定机构有下列情形之一的，登记管理部门将视情建议有关部门对有关责任人给予相应的处罚；构成犯罪的，依法追究其刑事责任：

（一）弄虚作假，出具错误鉴定意见，造成严重后果，导致冤假错案的；

（二）在应当知道具有危险、危害的情况下，强行要求鉴定人进行鉴定，造成人身伤害、财产损坏、环境污染等重大责任事故的。

第九章 附 则

第三十五条 铁路、交通港航、民航、森林公安机关和海关缉私部门的鉴定机构登记管理工作，依照本办法规定向所在地公安机关登记管理部门申请登记。

第三十六条 本办法自2020年5月1日起施行。公安部2005年12月29日发布的《公安机关鉴定机构登记管理办法》（公安部令第83号）同时废止。

公安机关鉴定人登记管理办法

（2019年11月22日公安部令第156号公布 自2020年5月1日起施行 国司备字[2020001342]）

第一章 总 则

第一条 为规范公安机关鉴定人资格登记管理工作，适应打击犯罪、保护人民、维护社会治安稳定和司法公正的需要，根据《全国人民代表大会常务委员会关于司法鉴定管理问题的决定》和有关法律、法规，结合公安机关工作实际，制定本办法。

第二条 本办法所称的公安机关鉴定人(以下简称鉴定人),是指经公安机关登记管理部门核准登记,取得鉴定人资格证书并从事鉴定工作的专业技术人员。

第三条 本办法所称的鉴定,是指为解决案(事)件调查和诉讼活动中某些专门性问题,公安机关鉴定机构的鉴定人运用自然科学和社会科学的理论成果与技术方法,对人身、尸体、生物检材、痕迹、文件、证件、视听资料、电子数据及其它相关物品、物质等进行检验、鉴别、分析、判断,并出具鉴定意见或者检验结果的科学实证活动。

第四条 鉴定人的登记管理工作应当根据国家有关法律法规和本办法的规定,遵循依法、公正、及时的原则,保证登记管理工作规范、有序、高效。

第二章 登记管理部门

第五条 公安部和各省、自治区、直辖市公安厅、局设立或者指定统一的登记管理部门,负责鉴定人资格的审核登记、年度审验、变更、注销、复议、名册编制与备案、监督管理与处罚等。

第六条 公安部登记管理部门负责各省、自治区、直辖市公安厅、局,部属科研机构、院校和专业技术协会,国家移民管理局及其所属单位鉴定人的登记管理工作。

省、自治区、直辖市公安厅、局登记管理部门负责所属地市级、县级公安机关,以及省级公安机关所属院校、医院和专业技术协会的鉴定人的登记管理工作。

第七条 登记管理部门不得收取鉴定资格登记申请人和鉴定人的任何登记管理费用。

登记管理部门的有关业务经费分别列入公安部和各省、自治区、直辖市公安厅、局的年度经费预算。

第三章 资格登记

第八条 鉴定人经登记管理部门核准登记,取得《鉴定人资格证书》,方可从事鉴定工作。《鉴定人资格证书》由所在鉴定机构统一管理。

《鉴定人资格证书》由公安部统一监制。

第九条 个人申请鉴定人资格,应当具备下列条件:

(一)在职或者退休的具有专门技术知识和技能的人民警察;公安机关聘用的具有行政编制或者事业编制的专业技术人员;

(二)遵守国家法律、法规,具有人民警察职业道德;

(三)具有与所申请从事鉴定项目相关的高级警务技术职务任职资格或者高级专业技术职称,或者高等院校相关专业本科以上学历,从事相关工作或研究五年以上,或者具有与所申请从事鉴定项目相关工作十年以上经历和较强的专业技能;

(四)所在机构已经取得或者正在申请《鉴定机构资格证书》;

(五)身体状况良好,适应鉴定工作需要。

第十条 个人申请鉴定人资格,应当向登记管理部门提交下列材料:

(一)《鉴定人资格登记申请表》;

(二)学历证明和专业技能培训《结业证书》复印件;

(三)警务技术职务任职资格或者专业技术职称证明材料;

(四)个人从事与申请鉴定项目有关的工作总结;

(五)登记管理部门要求提交的其他材料。

个人申请鉴定人资格,由所在鉴定机构向登记管理部门提交申请登记材料。

第十一条 登记管理部门收到申请登记材料后,应当在二十个工作日内作出是否授予鉴定资格的决定,情况特殊的,可以延长至三十个工作日。提交申请材料不全的,期限从补齐材料之日起计算。

登记管理部门对符合登记条件的,应当作出授予鉴定资格的决定,在十个工作日内颁发《鉴定人资格证书》;对不符合登记条件的,应当作出不授予鉴定资格的决定。

第四章 年度审验

第十二条 登记管理部门应当每年对鉴定人资格审验一次,并及时将审验结果通报至鉴定人所在鉴定机构。

第十三条 鉴定人有下列情形之一的,年度审验不合格:

(一)所审验年度内未从事鉴定工作的;

(二)无正当理由不接受专业技能培训或者培训不合格的;

(三)未经所在鉴定机构同意擅自受理鉴定的;

(四)因违反技术规程出具错误鉴定意见的;

(五)同一审验年度内被鉴定委托人正当投诉两次以上的。

第十四条 对于年度审验不合格的鉴定人,登记管理部门应当责令其限期改正。鉴定人在改正期内不得出具鉴定文书。

第五章 资格的变更与注销

第十五条 鉴定人调换鉴定机构,以及增减登记鉴定项目,应当向登记管理部门申请变更登记。

第十六条 鉴定人在本省、自治区、直辖市内跨鉴定机构调动工作的,应当填写《鉴定人变更登记申请表》,由调出鉴定机构将该申请表提交登记管理部门审核。

鉴定人跨省、自治区、直辖市调动工作的,应当在原登记管理部门申请注销,并在调入地登记管理部门重新申请鉴定人资格。

第十七条 登记管理部门收到鉴定人变更登记申请后,应当在十五个工作日内作出是否准予变更登记的决定。

准予变更登记的,重新颁发《鉴定人资格证书》,原《鉴定人资格证书》由其所在鉴定机构加盖“注销”标识后保存;不准予变更登记的,应当向申请变更登记的鉴定人说明理由。

第十八条 鉴定人有下列情形之一的,应当主动向登记管理部门申请注销资格,登记管理部门也可以直接注销其鉴定资格:

(一)连续两年未从事鉴定工作的;

(二)无正当理由,三年以上没有参加专业技能培训的;

(三)年度审验不合格,在责令改正期限内没有改正的;

(四)经人民法院依法通知,无正当理由拒绝出庭作证的;

(五)提供虚假证明或者采取其他欺诈手段骗取登记的;

(六)同一审验年度内出具错误鉴定意见两次以上的;

(七)违反保密规定造成严重后果的;

(八)登记管理部门书面警告后仍在其他鉴定机构兼职的;

(九)限制行为能力或者丧失行为能力的。

第十九条 鉴定人的鉴定资格注销后,登记管理部门应当向鉴定人所在单位发出《注销鉴定人资格通知书》。

第二十条 因本办法第十八条第(一)、(二)、(三)、(四)款被注销鉴定资格的,具备登记条件或者改正后,可以重新申请鉴定人资格。

因本办法第十八条第(五)、(六)、(七)、(八)、(九)款被注销鉴定资格的,被注销鉴定资格之日起一年内不得申请鉴定人资格。

第六章 复 议

第二十一条 个人对登记管理部门作出不授予鉴定资格、年度审验不合格、不予变更登记或者注销鉴定资格决定不服的,可以在收到相应通知后三十个工作日内向登记管理部门申请复议。

第二十二条 登记管理部门收到有关复议申请后,应当以集体研究的方式进行复议,在十五个工作日内作出复议决定,并在十个工作日内将《复议决定通知书》送达申请复议人及其所在单位。

第七章 名册编制与备案

第二十三条 登记管理部门应当按照登记管理权限，将核准登记的鉴定人编入本部门管理的公安机关鉴定人名册。

第二十四条 登记管理部门应当按照有关规定，对核准登记的鉴定人进行备案登记。

第二十五条 登记管理部门应当建立鉴定人档案。

鉴定人档案包括本办法第十条第(一)至(五)项，以及鉴定人资格的年度审验、变更、注销等资料。

第八章 监督管理与处罚

第二十六条 鉴定人应当在登记管理部门核准登记的鉴定范围内从事鉴定工作。

未取得《鉴定人资格证书》、未通过年度审验，以及鉴定资格被注销的人员，不得从事鉴定工作。

第二十七条 登记管理部门对公民、法人和其他组织举报、投诉鉴定人的，应当及时进行调查，并根据调查结果依法进行处理。

第二十八条 鉴定人违反本办法有关规定，情节轻微的，除适用第十三条外，登记管理部门还可以依法给予书面警告、责令改正的处罚。责令改正期限一般不得超过三个月。

第二十九条 有下列情形之一的，终身不授予鉴定资格：

(一)故意出具虚假鉴定意见的；

(二)严重违反规定，出具两次以上错误鉴定意见并导致冤假错案的；

(三)受过开除公职处分的。

第九章　附　　则

第三十条　铁路、交通港航、民航、森林公安机关和海关缉私部门的鉴定人登记管理工作，依照本办法规定向所在地公安机关登记管理部门申请登记。

第三十一条　本办法自2020年5月1日起施行。公安部2005年12月29日发布的《公安机关鉴定人登记管理办法》（公安部令第84号）同时废止。

政府采购信息发布管理办法

（2019年11月27日财政部令第101号公布　自2020年3月1日起施行　国司备字[2020001410]）

第一条　为了规范政府采购信息发布行为，提高政府采购透明度，根据《中华人民共和国政府采购法》《中华人民共和国政府采购法实施条例》等有关法律、行政法规，制定本办法。

第二条　政府采购信息发布，适用本办法。

第三条　本办法所称政府采购信息，是指依照政府采购有关法律制度规定应予公开的公开招标公告、资格预审公告、单一来源采购公示、中标（成交）结果公告、政府采购合同公告等政府采购项目信息，以及投诉处理结果、监督检查处理结果、集中采购机构考核结果等政府采购监管信息。

第四条　政府采购信息发布应当遵循格式规范统一、渠道相对集中、便于查找获得的原则。

第五条　财政部指导和协调全国政府采购信息发布工作，并依照政府采购法律、行政法规有关规定，对中央预算单位的政府采购信息发布活动进行监督管理。

地方各级人民政府财政部门(以下简称财政部门)对本级预算单位的政府采购信息发布活动进行监督管理。

第六条 财政部对中国政府采购网进行监督管理。省级(自治区、直辖市、计划单列市)财政部门对中国政府采购网省级分网进行监督管理。

第七条 政府采购信息应当按照财政部规定的格式编制。

第八条 中央预算单位政府采购信息应当在中国政府采购网发布,地方预算单位政府采购信息应当在所在行政区域的中国政府采购网省级分网发布。

除中国政府采购网及其省级分网以外,政府采购信息可以在省级以上财政部门指定的其他媒体同步发布。

第九条 财政部门、采购人和其委托的采购代理机构(以下统称发布主体)应当对其提供的政府采购信息的真实性、准确性、合法性负责。

中国政府采购网及其省级分网和省级以上财政部门指定的其他媒体(以下统称指定媒体)应当对其收到的政府采购信息发布的及时性、完整性负责。

第十条 发布主体发布政府采购信息不得有虚假和误导性陈述,不得遗漏依法必须公开的事项。

第十一条 发布主体应当确保其在不同媒体发布的同一政府采购信息内容一致。

在不同媒体发布的同一政府采购信息内容、时间不一致的,以在中国政府采购网或者其省级分网发布的信息为准。同时在中国政府采购网和省级分网发布的,以在中国政府采购网上发布的信息为准。

第十二条 指定媒体应当采取必要措施,对政府采购信息发布主体的身份进行核验。

第十三条 指定媒体应当及时发布收到的政府采购信息。

中国政府采购网或者其省级分网应当自收到政府采购信息起

1个工作日内发布。

第十四条 指定媒体应当加强安全防护，确保发布的政府采购信息不被篡改、不遗漏，不得擅自删除或者修改信息内容。

第十五条 指定媒体应当向发布主体免费提供信息发布服务，不得向市场主体和社会公众收取信息查阅费用。

第十六条 采购人或者其委托的采购代理机构未依法在指定媒体上发布政府采购项目信息的，依照政府采购法实施条例第六十八条追究法律责任。

采购人或者其委托的采购代理机构存在其他违反本办法规定行为的，由县级以上财政部门依法责令限期改正，给予警告，对直接负责的主管人员和其他直接责任人员，建议其行政主管部门或者有关机关依法依规处理，并予通报。

第十七条 指定媒体违反本办法规定的，由实施指定行为的省级以上财政部门依法责令限期改正，对直接负责的主管人员和其他直接责任人员，建议其行政主管部门或者有关机关依法依规处理，并予通报。

第十八条 财政部门及其工作人员在政府采购信息发布活动中存在懒政怠政、滥用职权、玩忽职守、徇私舞弊等违法违纪行为的，依照《中华人民共和国政府采购法》《中华人民共和国公务员法》《中华人民共和国监察法》《中华人民共和国政府采购法实施条例》等国家有关规定追究相应责任；涉嫌犯罪的，依法移送有关国家机关处理。

第十九条 涉密政府采购项目信息发布，依照国家有关规定执行。

第二十条 省级财政部门可以根据本办法制定具体实施办法。

第二十一条 本办法自2020年3月1日起施行。财政部2004年9月11日颁布实施的《政府采购信息公告管理办法》（财政部令第19号）同时废止。

国家级非物质文化遗产代表性传承人认定与管理办法

（2019 年 11 月 29 日文化和旅游部令第 3 号公布
自 2020 年 3 月 1 日起施行　国司备字[2020001321]）

第一条　为传承弘扬中华优秀传统文化，有效保护和传承非物质文化遗产，鼓励和支持国家级非物质文化遗产代表性传承人开展传承活动，根据《中华人民共和国非物质文化遗产法》等有关法律法规，制定本办法。

第二条　本办法所称国家级非物质文化遗产代表性传承人，是指承担国家级非物质文化遗产代表性项目传承责任，在特定领域内具有代表性，并在一定区域内具有较大影响，经文化和旅游部认定的传承人。

第三条　国家级非物质文化遗产代表性传承人的认定与管理应当以习近平新时代中国特色社会主义思想为指导，坚持以人民为中心，弘扬社会主义核心价值观，保护传承非物质文化遗产，推动中华优秀传统文化创造性转化、创新性发展。

第四条　国家级非物质文化遗产代表性传承人的认定与管理应当立足于完善非物质文化遗产传承体系，增强非物质文化遗产的存续力，尊重传承人的主体地位和权利，注重社区和群体的认同感。

第五条　国家级非物质文化遗产代表性传承人应当锤炼忠诚、执着、朴实的品格，增强使命和担当意识，提高传承实践能力，在开展传承、传播等活动时遵守宪法和法律法规，遵守社会公德，坚持正确的历史观、国家观、民族观、文化观，铸牢中华民族共同体意识，不得以歪曲、贬损等方式使用非物质文化遗产。

第六条 文化和旅游部一般每五年开展一批国家级非物质文化遗产代表性传承人认定工作。

第七条 认定国家级非物质文化遗产代表性传承人，应当坚持公开、公平、公正的原则，严格履行申报、审核、评审、公示、审定、公布等程序。

第八条 符合下列条件的中国公民可以申请或者被推荐为国家级非物质文化遗产代表性传承人：

（一）长期从事该项非物质文化遗产传承实践，熟练掌握其传承的国家级非物质文化遗产代表性项目知识和核心技艺；

（二）在特定领域内具有代表性，并在一定区域内具有较大影响；

（三）在该项非物质文化遗产的传承中具有重要作用，积极开展传承活动，培养后继人才；

（四）爱国敬业，遵纪守法，德艺双馨。

从事非物质文化遗产资料收集、整理和研究的人员不得认定为国家级非物质文化遗产代表性传承人。

第九条 公民提出国家级非物质文化遗产代表性传承人申请的，应当向国家级非物质文化遗产代表性项目所在地文化和旅游主管部门如实提交下列材料：

（一）申请人姓名、民族、从业时间、被认定为地方非物质文化遗产代表性传承人时间等基本情况；

（二）申请人的传承谱系或师承脉络、学习与实践经历；

（三）申请人所掌握的非物质文化遗产知识和核心技艺、成就及相关的证明材料；

（四）申请人授徒传艺、参与社会公益性活动等情况；

（五）申请人持有该项目的相关实物、资料的情况；

（六）申请人志愿从事非物质文化遗产传承活动，履行代表性传承人相关义务的声明；

（七）其他有助于说明申请人具有代表性和影响力的材料。

中央各部门直属单位可以通过其主管单位直接向文化和旅游部推荐国家级非物质文化遗产代表性传承人，推荐材料应当包括前款各项内容。

第十条 文化和旅游主管部门收到申请材料或者推荐材料后，应当组织专家进行审核并逐级上报。

省级文化和旅游主管部门收到上述材料后，应当组织审核，提出推荐人选和审核意见，连同申报材料和审核意见一并报送文化和旅游部。

第十一条 文化和旅游部应当对收到的申请材料或者推荐材料进行复核。符合要求的，进入评审程序；不符合要求的，退回材料并说明理由。

第十二条 文化和旅游部应当组织专家评审组和评审委员会，对推荐认定为国家级非物质文化遗产代表性传承人的人选进行初评和审议。根据需要，可以安排现场答辩环节。

评审委员会对初评人选进行审议，提出国家级非物质文化遗产代表性传承人推荐人选。

第十三条 文化和旅游部对评审委员会提出的国家级非物质文化遗产代表性传承人推荐人选向社会公示，公示期为20日。

第十四条 公民、法人或者其他组织对国家级非物质文化遗产代表性传承人推荐人选有异议的，可以在公示期间以书面形式实名向文化和旅游部提出。

第十五条 文化和旅游部根据评审委员会的审议意见和公示结果，审定国家级非物质文化遗产代表性传承人名单，并予以公布。

第十六条 文化和旅游部应当建立国家级非物质文化遗产代表性传承人档案，并及时更新相关信息。

档案内容主要包括传承人基本信息、参加学习培训、开展传承活动、参与社会公益性活动情况等。

第十七条 文化和旅游主管部门根据需要采取下列措施，支持国家级非物质文化遗产代表性传承人开展传承、传播等活动：

（一）提供必要的传承场所；

（二）提供必要的经费资助其开展授徒、传艺、交流等活动；

（三）指导、支持其开展非物质文化遗产记录、整理、建档、研究、出版、展览展示展演等活动；

（四）支持其参加学习、培训；

（五）支持其参与社会公益性活动；

（六）支持其开展传承、传播等活动的其他措施。

对无经济收入来源、生活确有困难的国家级非物质文化遗产代表性传承人，所在地文化和旅游主管部门应当协调有关部门积极创造条件，并鼓励社会组织和个人提供资助，保障其基本生活需求。

第十八条 国家级非物质文化遗产代表性传承人承担下列义务：

（一）开展传承活动，培养后继人才；

（二）妥善保存相关实物、资料；

（三）配合文化和旅游主管部门及其他有关部门进行非物质文化遗产调查；

（四）参与非物质文化遗产公益性宣传等活动。

第十九条 省级文化和旅游主管部门应当根据实际情况，列明国家级非物质文化遗产代表性传承人义务，明确传习计划和具体目标任务，报文化和旅游部备案。

国家级非物质文化遗产代表性传承人应当每年向省级文化和旅游主管部门提交传承情况报告。

第二十条 省级文化和旅游主管部门根据传习计划应当于每年6月30日前对上一年度国家级非物质文化遗产代表性传承人义务履行和传习补助经费使用情况进行评估，在广泛征求意见的基础上形成评估报告，报文化和旅游部备案。

评估结果作为享有国家级非物质文化遗产代表性传承人资

格、给予传习补助的主要依据。

第二十一条 文化和旅游部按照有关规定，会同有关部门对做出突出贡献的国家级非物质文化遗产代表性传承人予以表彰和奖励。

第二十二条 有下列情形之一的，经省级文化和旅游主管部门核实后，文化和旅游部取消国家级非物质文化遗产代表性传承人资格，并予以公布：

（一）丧失中华人民共和国国籍的；

（二）采取弄虚作假等不正当手段取得资格的；

（三）无正当理由不履行义务，累计两次评估不合格的；

（四）违反法律法规或者违背社会公德，造成重大不良社会影响的；

（五）自愿放弃或者其他应当取消国家级非物质文化遗产代表性传承人资格的情形。

第二十三条 国家级非物质文化遗产代表性传承人去世的，省级文化和旅游主管部门可以采取适当方式表示哀悼，组织开展传承人传承事迹等宣传报道，并及时将相关情况报文化和旅游部。

第二十四条 省、自治区、直辖市文化和旅游主管部门可以参照本办法，制定本行政区域内非物质文化遗产代表性传承人的认定与管理办法。

中央各部门直属单位国家级非物质文化遗产代表性传承人的管理参照本办法相关规定执行。

第二十五条 本办法由文化和旅游部负责解释。

第二十六条 本办法自 2020 年 3 月 1 日起施行。原文化部 2008 年 5 月 14 日发布的《国家级非物质文化遗产项目代表性传承人认定与管理暂行办法》同时废止。

航道工程建设管理规定

（2019 年 12 月 6 日交通运输部令 2019 年第 44 号公布
自 2020 年 2 月 1 日起施行　国司备字[2020001299]）

第一章　总　　则

第一条　为加强航道工程建设管理，规范航道工程建设活动，提高建设管理水平，根据《中华人民共和国航道法》《航道管理条例》《建设工程质量管理条例》《建设工程勘察设计管理条例》《企业投资项目核准和备案管理条例》《政府投资条例》等法律、行政法规，制定本规定。

第二条　在中华人民共和国境内从事航道工程建设活动，适用本规定。

本规定所称航道工程建设，是指新建航道以及为改善航道条件而进行的航道整治、航道疏浚工程和航运枢纽、通航建筑物等工程及其配套设施的工程建设。

第三条　交通运输部主管全国航道工程建设的行业管理工作，并具体负责中央财政事权航道的建设管理。

交通运输部具体负责的中央财政事权航道的建设管理工作，可以按照规定委托交通运输部设置的负责航道管理的机构、省级人民政府确定的负责航道管理的部门或者机构承担。

县级以上地方人民政府交通运输主管部门按照省、自治区、直辖市人民政府的规定主管所辖航道工程建设的管理工作。

第四条　航道工程建设应当坚持生态优先、绿色发展，遵守法律、行政法规关于建设工程质量管理、安全管理和生态环境保护的规定，符合航道规划，执行有关国家标准、行业标准和技术规范，依法办理相关手续。

第五条 鼓励航道工程建设采用新技术、新设备、新工艺、新材料，推行施工质量和安全标准化管理，加强施工安全风险管控和应急能力配备，科学组织建设。

第二章 建设程序管理

第六条 航道工程建设项目应当按照国家规定的建设程序进行。除国家另有规定外，不得擅自简化基本建设程序。

第七条 政府投资的航道工程建设项目，一般应当执行以下基本建设程序：

（一）根据相关规划，开展预可行性研究，编制项目建议书；

（二）根据批准的项目建议书，进行可行性研究，编制可行性研究报告；

（三）根据批准的可行性研究报告，编制初步设计文件；

（四）根据批准的初步设计文件，编制施工图设计文件；

（五）办理施工图设计审批手续；

（六）根据国家有关规定，依法办理开工前相关手续，具备开工条件后开工建设；

（七）组织工程实施；

（八）工程建成后，编制竣工资料，进行工程竣工验收的各项准备工作；

（九）组织竣工验收。

第八条 企业投资的航道工程建设项目，应当执行以下基本建设程序：

（一）根据规划，编制项目申请书或者填写备案信息，履行核准或者备案手续；

（二）根据核准的项目申请书或者备案信息，编制初步设计文件；

（三）根据批准的初步设计文件，编制施工图设计文件；

（四）办理施工图设计审批手续；

（五）根据国家有关规定，依法办理开工前相关手续，具备开工条件后开工建设；

（六）组织工程实施；

（七）工程建成后，编制竣工资料，进行工程竣工验收的各项准备工作；

（八）组织竣工验收。

第九条 交通运输部按照权限负责中央财政事权航道工程建设项目的项目建议书、可行性研究报告的批准工作。项目建议书和可行性研究报告的编制和委托咨询等工作按照有关规定执行。

第十条 交通运输部负责中央财政事权航道工程建设项目的初步设计审批。

县级以上地方交通运输主管部门按照规定的职责，负责其他航道工程建设项目的初步设计审批。

第十一条 由交通运输部负责审批初步设计的航道工程建设项目，项目单位应当通过交通运输部按照国务院规定设置的负责航道管理的机构或者项目所在地省级交通运输主管部门向交通运输部提出申请。

交通运输部按照国务院规定设置的负责航道管理的机构或者省级交通运输主管部门应当在收齐上述申请材料之日起 3 个工作日内将有关材料转报交通运输部。

其他航道工程建设项目的初步设计审批，项目单位应当向有审批权限的县级以上地方交通运输主管部门提出申请。

第十二条 项目单位申请航道工程建设项目初步设计审批，应当提供以下材料：

（一）申请文件；

（二）初步设计文件；

（三）经批准的可行性研究报告，或者经核准的项目申请书，或者备案证明。

第十三条 编制航道工程建设项目初步设计文件,应当符合以下要求:

(一)建设方案符合有关航道、港口等规划;

(二)建设规模、标准及主要建设内容等符合项目审批、核准文件或者备案信息;

(三)设计符合有关技术标准,编制格式和内容符合水运工程设计文件编制要求。

第十四条 县级以上交通运输主管部门按照规定的职责对航道工程建设项目施工图设计文件中涉及公共利益、公众安全、工程建设强制性标准的内容进行审查。

第十五条 项目单位向有审批权限的交通运输主管部门申请施工图设计审批,应当提供以下材料:

(一)申请文件;

(二)施工图设计文件;

(三)经批准的初步设计文件。

施工图设计文件原则上应当集中报批。对于工期长、涉及专业多的项目,可以分批报批。项目单位在首次申请施工图设计文件审批时,应当将分批安排报施工图审批部门。

第十六条 编制航道工程建设项目施工图设计文件,应当符合以下基本要求:

(一)建设规模、标准及主要建设内容符合经批准的初步设计文件;

(二)设计符合有关技术标准,编制格式和内容符合水运工程设计文件编制要求。

第十七条 对于技术复杂、难度较大、风险较大的航道工程建设项目,负责初步设计审批的部门在审批初步设计前应当委托初步设计编制单位以外的其他设计单位进行技术审查咨询。受委托的设计单位资质等级应当不低于原初步设计文件编制单位资质等级。

对于航运枢纽、通航建筑物等技术复杂、难度较大、风险较大的航道工程建设项目,负责施工图设计审批的部门在审批施工图设计前应当委托施工图设计单位以外的其他设计单位进行技术审查咨询。受委托的设计单位资质等级应当不低于原施工图设计文件编制单位资质等级。

第十八条 技术审查咨询主要核查以下内容,并对工程设计方案和概(预)算编制提出咨询意见:

(一)工程建设规模和主要建设内容与项目审批、核准文件或者备案信息的符合性;施工图技术审查咨询还应当核查与初步设计文件的符合性;

(二)工程设计与强制性标准的符合性;

(三)总体设计、总体布置、主要设备配置的合理性;

(四)地基基础、主要建筑物、金属结构等设计的合理性、安全性、稳定性、耐久性;

(五)主要施工方案、施工组织设计、疏浚土处理方式等的合理性;

(六)环境保护、安全、防震、消防、节能等涉及公共利益、公众安全的工程措施与强制性标准的符合性;

(七)工程概(预)算的编制依据和方法的合理性。

第十九条 交通运输主管部门应当在法定期限内对受理的设计审批申请作出书面决定,并告知项目单位;需要延长审批时限的,应当依法按照程序办理。

第二十条 航道工程建设项目设计文件经批准后方可使用。

第二十一条 对于建设内容简单、投资规模较小的航道整治、航道疏浚等航道工程建设项目,初步设计和施工图设计可以合并设计,深度应当达到施工图设计要求。

第二十二条 经核准的企业投资航道工程建设项目建设地点发生变更,或者建设规模、内容发生较大变更的,项目单位应当向项目核准机关提出变更申请。已备案的企业投资航道工程建设项目信息发生较大变更的，企业应当及时告知备案机关。

政府投资的航道工程建设项目投资概算调整的，按照国家有关规定执行。

第二十三条 航道工程建设项目出现批准机关调整审批、核准文件或者重新办理备案的，项目单位应当向初步设计审批部门申请调整初步设计审批内容。

第三章 建设实施管理

第二十四条 项目单位应当在立项审批、核准文件及其他文件规定的有效期内开工建设。在有效期内不能开工建设的，应当按照规定在有效期满前办理延期手续。

第二十五条 航道工程建设项目在条件具备后方可开工建设。项目单位在开工建设前，应当办理完成法规规定的各项手续，登录国家建立的全国投资项目在线监管平台进行项目申报，并按照要求填写项目开工建设、建设进度、竣工等基本信息，并接受依法负有监督管理职责的部门的监督管理。

交通运输主管部门应当利用在线平台进行在线审批、在线监测、协同监管等，提高信息化管理水平。

第二十六条 项目单位依据国家有关规定对航道工程建设项目实行全过程管理，对工程质量和安全管理负总责。项目单位应当合理确定并严格执行建设工期，任何单位和个人不得非法干预。

项目单位应当符合《水运建设市场监督管理办法》规定的管理能力；不具备管理能力的，应当按照规定委托符合条件的代建单位进行项目建设管理。

第二十七条 航道工程建设项目设计文件一经批准，应当严格遵照执行，不得擅自变更。确需对设计文件内容进行变更的，应当履行相关手续后方可实施。

项目单位不得以肢解设计变更内容的方式规避办理相关手

续。

第二十八条 航道工程建设项目设计变更应当符合强制性标准和技术规范要求，满足工程安全、质量、使用功能和环境保护等要求。

第二十九条 设计变更发生下列情形之一的，由原初步设计审批部门审批：

（一）航道整治工程。

1. 连续调整航道轴线布置，改变主要建筑物的平面布置、高程和主要结构型式；

2. 护岸、护滩、护底结构范围调整超过原设计范围30%，清礁工程量调整超过原设计工程量30%；

3. 单位工程调增费用超过10%且不低于1000万元；

4. 政府投资航道工程建设项目超出初步设计批准总概算但在项目批准的投资估算10%以内。

（二）航道疏浚工程。

1. 改变疏浚边线、设计底高程；

2. 单位工程疏浚工程量调增超过原设计工程量30%；

3. 单位工程调增费用超过10%且不低于1000万元；

4. 政府投资航道工程建设项目超出初步设计批准总概算但在项目批准的投资估算10%以内。

（三）航运枢纽工程。

1. 改变航运枢纽总体布置，改变主要建筑物的平面布置、高程和主要结构型式，改变主要水工建筑物的基础处理方式、消能防冲方式；

2. 改变通航建筑物的输水系统型式、工作闸阀门和启闭型式，改变升船机的驱动方式；

3. 改变水轮发电机组型式、单机容量、配置数量和重要技术参数；

4. 改变电站接入系统方式和电气主接线方案；

5. 改变施工导流标准和导流方式；

6. 调增辅助生产、生活建筑物规模超过原设计规模的5%；

7. 政府投资航道工程建设项目超出初步设计批准总概算但在项目批准的投资估算10%以内。

（四）通航建筑物工程。

1. 改变通航建筑物平面布置、高程和主要结构型式，改变主要建筑物的基础处理方式、消能防冲方式；

2. 改变通航建筑物的输水系统型式、工作闸阀门和启闭型式，改变升船机的驱动方式；

3. 改变施工导流标准和导流方式；

4. 调增辅助生产、生活建筑物规模超过原设计规模的5%；

5. 政府投资航道工程建设项目超出初步设计批准总概算但在项目批准的投资估算10%以内。

前款规定的设计变更涉及施工图设计重大修改的，还应当由原施工图设计审批部门审批。

第三十条 设计变更发生下列情形之一的，由原施工图设计审批部门审批：

（一）航道整治工程。

1. 护岸、护滩、护底工程范围调整超过原设计范围15%，清礁工程量调整超过原设计工程量15%；

2. 单位工程调增费用超过10%且不低于500万元。

（二）航道疏浚工程。

1. 单位工程疏浚工程量调增超过原设计工程量15%；

2. 单位工程调增费用超过10%且不低于500万元；

3. 调整疏浚工程抛泥区的控制高程。

（三）航运枢纽工程。

1. 局部调整枢纽工程总平面布置但不影响其功能和规模；

2. 调整主要配套工程、公用工程的规模和平面布置，调增辅助生产、生活建筑物规模超过原设计规模3%但不超过5%；

3. 改变导流建筑物型式；

4. 改变高压配电装置和高压引出线设计方案，改变电站控制运行方式及继电保护方案；

5. 改变次要或者一般水工建筑物的布置或结构型式、基础处理方式、一般机电设备及金属结构设计，且工程费用变化超过单项工程总投资的5%。

（四）通航建筑物工程。

1. 局部调整通航建筑物总平面布置但不影响其功能和规模；

2. 调整主要配套工程、公用工程的规模和平面布置，调增辅助生产、生活建筑物规模超过原设计规模3%但不超过5%；

3. 改变导流建筑物型式；

4. 改变次要或一般水工建筑物的布置或者结构型式、基础处理方式、一般金属结构设计，且工程费用变化超过单项工程总投资的5%。

第三十一条 审批部门在批准设计变更时，可以委托另一设计单位进行技术审查咨询。受委托的设计单位资质等级应当不低于原设计文件编制单位资质等级。

第三十二条 本规定第二十九条、第三十条以外的设计变更，项目单位应当加强管理，制定设计变更内部管理程序，不得随意变更设计内容或者采取肢解设计变更内容等方式规避设计变更审批手续。

第三十三条 航道工程建设项目设计变更文件应当由原设计单位编制，或者经原设计单位书面同意，也可以由其他具有相应资质的设计单位编制。编制单位对设计变更文件承担相应责任。

第三十四条 申请航道工程建设项目设计变更，应当提交以下材料：

（一）申请文件；

（二）设计变更文件。内容包括该航道工程建设项目的基本情况、拟变更的主要内容以及设计变更的合理性论证；设计变更前后相应的勘察、设计图纸;工程量、概算变化对照清单和分项投资等。

第三十五条 因应急抢险等紧急情况引起的第二十九条、第三十条设计变更情形的,项目单位可先行组织实施,但应当在10个工作日内书面报告设计变更审批部门,并按要求及时履行相应的设计变更手续。

第四章 验收管理

第三十六条 航道工程建设项目应当按照法规和国家有关规定及时组织竣工验收,经竣工验收合格后方可正式交付使用。

本规定所称竣工验收,是指航道工程建设项目完工后、正式投入使用前,对工程交工验收、航运枢纽工程阶段验收、工程质量、强制性标准执行、资金使用等情况进行全面检查验收,以及对工程建设、设计、施工、监理等工作进行综合评价。

第三十七条 航道工程建设项目合同段完工后,由项目单位组织设计、施工、监理、试验检测等单位进行交工验收,并邀请具体负责建设项目监督管理工作的交通运输主管部门和质量监督机构参加。

第三十八条 交工验收应当具备以下条件:

(一)合同约定的各项内容已建设完成,未遗留有碍船舶安全航行和工程运行安全的隐患;

(二)项目单位组织对工程质量的检测结果合格;

(三)监理单位对工程质量的评定(评估)合格;

(四)质量监督机构对工程交工质量核验合格;

(五)设计单位、施工单位、监理单位已完成工作总结报告。

第三十九条 交工验收的主要工作内容:

(一)检查合同执行情况,核验工程建设内容与批复的设计内容是否一致;

(二)检查施工自检报告、施工总结报告及施工资料;

（三）检查监理单位独立抽检资料、监理总结报告及质量评定资料；

（四）检查设计单位对工程设计符合性评价意见和设计总结报告；

（五）检查工程实体质量；

（六）对合同是否全面执行、工程质量是否合格作出结论，出具交工验收意见。

第四十条 航运枢纽工程在截流前、水库蓄水前、通航前、机组启动前等关键阶段，项目单位应当组织设计、施工、监理、试验检测、运行管理等单位进行阶段验收，并邀请具体负责建设项目监督管理工作的交通运输主管部门和质量监督机构，必要时邀请地方人民政府、其他负有监督管理工作的部门或机构、专家等参加。

第四十一条 阶段验收的主要工作内容：

（一）检查已完工程交工验收情况，工程质量、形象进度是否达到阶段验收要求；

（二）检查在建工程是否正常、有序；

（三）检查下阶段工作方案和待建工程施工计划安排；

（四）检查拟投入运行的工程是否具备运行条件；

（五）检查工程资料是否按规定整理齐全；

（六）对阶段验收是否合格做出结论，出具阶段验收意见。

第四十二条 航道工程建设项目主体工程建成后，应当通过试运行检验工程效果和运行能力。项目单位应当在试运行前将试运行起讫时间、试运行方案、应急预案等报告负责建设项目竣工验收的交通运输主管部门。

第四十三条 试运行应当符合以下条件：

（一）主体工程已按初步设计批准的内容建成，各合同段交工验收合格，其中航运枢纽工程各阶段验收合格，满足使用要求；

（二）航道尺度、通航条件已达到设计要求；

（三）主要机械设备或设施调试及联动调试合格，达到运行条件；

（四）航标等配套的导助航设施已经建设完成；

（五）航运枢纽、通航建筑物等工程建设项目环境保护设施、安全设施、消防设施等已按要求与主体工程同时建设完成，且已通过安全设施和消防设施验收或者备案，符合国家有关法规、标准规定的试运行要求。

第四十四条 航道工程建设项目试运行期限原则上为1年，对不能按期申请竣工验收的项目，项目单位应当向负责建设项目竣工验收的交通运输主管部门申请试运行延期，延长期限一般不得超过1年，对于建设内容复杂的航运枢纽项目延长期限不得超过2年。

试运行期满符合运行要求且符合竣工验收条件的航道工程建设项目，应当在试运行期满后6个月内申请竣工验收。

第四十五条 交通运输部负责中央财政事权航道工程建设项目的竣工验收。

县级以上地方交通运输主管部门按照规定的职责，负责其他航道工程的竣工验收。

第四十六条 航道工程建设项目竣工验收应当具备以下条件：

（一）已按照批准的工程设计和有关合同约定的各项内容建设完成，各合同段交工验收合格，其中航运枢纽工程各阶段验收合格；建设项目有尾留工程的，尾留工程不得影响建设项目的投入使用，尾留工程投资额可以根据实际测算投资额或者按照工程概算所列的投资额列入竣工决算报告，但不超过工程总投资的5%；

（二）主要机械设备或者设施试运行性能稳定，主要技术参数达到设计要求；

（三）需要实船适航检验的，已选用设计船型进行了实船适航检验，各项检验指标满足设计要求；

（四）试运行期满足要求，工程效果和运行能力符合设计要求；

（五）环境保护设施，航运枢纽、通航建筑物等工程建设项目的安全设施、消防设施、水土保持设施等已按要求与主体工程同时建设完成，且已通过验收或者备案；

（六）竣工档案资料齐全，并通过专项验收；

（七）竣工决算报告已编制完成，按照国家有关规定需要审计的，已完成审计；

（八）工程运行管理单位已落实；

（九）廉政建设合同已经履行。

第四十七条 由交通运输部负责竣工验收的航道工程建设项目，项目单位应当通过交通运输部按照国务院规定设置的负责航道管理的机构或者项目所在地省级交通运输主管部门向交通运输部提出竣工验收申请。

对于其他航道工程建设项目，项目单位按管理权限向负责建设项目竣工验收的交通运输主管部门提出竣工验收申请。

第四十八条 项目单位申请竣工验收，应当提交以下材料：

（一）申请文件；

（二）竣工验收报告。

第四十九条 项目单位申请竣工验收前应当组织编制竣工验收报告，竣工验收报告应当包括以下内容：

（一）项目单位工作报告；

（二）设计、施工、监理等单位的工作报告；

（三）质量监督机构出具的项目工程质量鉴定报告和质量监督管理工作报告；

（四）试运行报告；

（五）竣工决算报告（按照国家有关规定需要审计的，应当包括竣工决算审计报告）；

（六）按法规办理的各专项验收或者备案证明材料；

（七）有关批准文件。

第五十条 航道工程建设项目竣工验收的主要依据：

（一）法规及相关技术标准、规范；

（二）项目审批、核准文件或者备案证明；

（三）项目初步设计、施工图设计、设计变更文件等批准文件；

（四）主要设备技术规格或者说明书；

（五）合同文件。

第五十一条 航道工程建设项目竣工验收的主要内容：

（一）检查工程执行有关部门批准文件情况；

（二）检查工程实体建设情况，核查质量监督机构出具的项目工程质量鉴定报告和质量监督管理工作报告；

（三）检查工程合同履约情况；

（四）检查工程执行强制性标准情况；

（五）检查按法规办理的各专项验收或者备案情况；

（六）检查竣工验收报告编制情况；

（七）检查廉政建设合同执行情况；

（八）对存在问题和尾留工程提出处理意见；

（九）对航道工程建设、设计、施工、监理等单位的工作作出综合评价；

（十）出具竣工验收现场核查报告，对竣工验收是否合格提出意见。

第五十二条 交通运输主管部门应当成立竣工验收现场核查组对工程进行现场核查。

竣工验收现场核查组应当由交通运输主管部门、质量监督机构、项目单位人员和专家等组成，并邀请海事管理机构等其他依法对项目负有监督管理职责的相关部门参加。

工程设计、施工、监理、试验检测等单位人员应当参加现场核查。

第五十三条 竣工验收现场核查组成员应当为 9 人以上单数，其中专家不少于 5 人；竣工验收现场核查组组长由负责组织竣工验收的交通运输主管部门人员担任。

对于建设内容简单、投资规模较小的航道疏浚、航道整治类建设项目，竣工验收现场核查组可以由7人以上单数组成，其中专家不少于4人。

第五十四条 竣工验收专家应当具有一定的水运工程建设和管理经验，具备良好的职业道德，具有高级专业技术职称，且不得与项目单位以及勘察、设计、施工、监理、试验检测等单位有直接利害关系。

第五十五条 竣工验收现场核查组应当对照航道工程竣工验收主要内容，客观公正、实事求是地对工程进行现场核查，形成竣工验收现场核查报告。

第五十六条 竣工验收现场核查报告应当全面反映竣工验收现场核查工作开展情况和工程建设实际情况，并明确作出竣工验收合格或者不合格的核查结论。

第五十七条 竣工验收现场核查报告由竣工验收现场核查组全体成员签字。

竣工验收现场核查组成员对核查结论有不同意见的，应当以书面形式说明其不同意见和理由，竣工验收现场核查报告应当注明不同意见。竣工验收现场核查组组长应当组织全体成员对不同意见进行研究，提出竣工验收是否合格的核查结论。

竣工验收现场核查组成员拒绝在核查报告上签字，又不书面说明其不同意见和理由的，视为同意核查结论。

第五十八条 竣工验收现场核查报告明确竣工验收合格但提出整改要求的，项目单位应当进行整改，将整改情况形成书面材料报负责竣工验收的交通运输主管部门；竣工验收现场核查报告明确竣工验收不合格的，项目单位整改后应当重新申请竣工验收。

第五十九条 交通运输主管部门应当按照国家规定的程序和时限完成航道工程建设项目竣工验收工作。竣工验收合格的，应当签发《航道工程竣工验收证书》。

第六十条 航道工程建设项目竣工验收合格后，项目单位应当按照要求及时登录在线平台填报竣工基本信息，并按规定将竣工测量图报送负责航道管理的部门，沿海航道的竣工测量图还应当报送海军航海保证部门。

第六十一条 省级交通运输主管部门完成国务院有关主管部门审批、核准的航道工程建设项目竣工验收后，应当自《航道工程竣工验收证书》签发之日起20个工作日内将竣工验收报告和竣工验收现场核查报告报交通运输部。

第六十二条 上级交通运输主管部门应当对下级交通运输主管部门组织的竣工验收工作进行监督检查。

第六十三条 对于一次设计、分期建成的航运枢纽、通航建筑物等航道工程建设项目，项目单位可以对已建成具有独立使用功能并符合竣工验收条件的部分航道工程提出分期竣工验收申请。

第六十四条 航道工程建设项目有尾留工程的，项目单位应当落实竣工验收现场核查报告对尾留工程的处理意见。尾留工程完工并符合交工验收条件后，项目单位应当组织尾留工程验收，验收通过后将相关资料报负责建设项目竣工验收的交通运输主管部门。

第六十五条 航道工程建设项目竣工验收合格后，项目单位应当按照国家有关规定办理档案、资产交付使用等相关手续。

第五章　政府投资项目的资金管理

第六十六条 政府投资的航道工程建设项目所需资金，应当按国家有关规定落实到位，注重防范化解财政金融风险，不得以各种名义开展违法违规举债融资，不得由施工单位垫资建设，不得拖欠工程款。

第六十七条 政府投资航道工程建设项目的项目单位应当科学决策、合理安排工程进度计划，按规定编制年度投资建议计划报交通运输主管部门。

第六十八条 政府投资航道工程建设项目的项目单位应当加强投资计划和预算执行管理,严格控制工程投资,合理安排和使用建设资金,防止财政资金沉淀,不得转移、侵占或者挪用财政资金,不得擅自改变建设内容、建设标准。

第六十九条 政府投资的航道工程建设项目竣工验收合格后,应当及时编制竣工财务决算,并及时按规定办理资产交付使用手续。竣工验收合格后结余的政府投资资金,应当按规定及时处理。

第七十条 交通运输主管部门应当加强对政府投资航道工程建设项目资金筹集、使用和管理工作的监督管理。

第六章 工程信息及档案管理

第七十一条 交通运输主管部门应当按照政府信息公开的要求,做好工程建设项目信息的公开工作。

第七十二条 下级交通运输主管部门应当按照要求向上级交通运输主管部门报送航道工程建设项目信息。

项目单位应当自工程开工建设之日起,按照交通固定资产投资统计有关要求,及时、准确报送项目建设相关统计数据,并登录在线平台填报项目建设动态进度基本信息。

项目单位应当指定信息员及时进行信息的收集、整理、统计和报送工作,确保所报信息真实、准确和完整,不得虚报、瞒报、漏报。

第七十三条 项目单位应当建立健全工程建设项目档案管理制度,保证档案资料真实、准确和完整,督促勘察设计、施工、监理、试验检测等单位加强建设项目档案管理,按照有关规定办理工程竣工档案专项验收。

第七十四条 项目单位应当按照国家有关规定负责航道工程建设项目档案的收集、整理和归档,包括纸质技术档案资料、电子技术档案资料、影像及图片资料等。

第七十五条 航道工程建设项目勘察、设计、施工、监理、试验检测等单位应当加强资料档案的管理，按照国家有关规定建立健全各自的工程项目档案，对各环节的文件、图片、影像等资料进行立卷归档。

第七章 法律责任

第七十六条 施工图设计未经审查或者审查不合格，擅自施工的，由具体负责监督管理的交通运输主管部门责令改正，处20万元以上50万元以下的罚款。

第七十七条 航道工程建设项目未组织竣工验收或者验收不合格，项目单位擅自交付使用的，由具体负责监督管理的交通运输主管部门责令改正，处工程合同价款2%以上4%以下的罚款。

第七十八条 项目单位违反本规定未报送项目建设信息的，由有管辖权的交通运输主管部门责令限期改正；下级交通运输主管部门违反本规定未报送相关信息的，由其上级交通运输主管部门责令限期改正。

第七十九条 交通运输主管部门在办理设计审批、设计变更、竣工验收等手续中存在滥用职权、玩忽职守、徇私舞弊等行为的，由有关行政主管部门对直接责任人依法给予处分；构成犯罪的，依法追究刑事责任。

第八章 附 则

第八十条 本规定所称交通运输主管部门包括按地方人民政府规定的职责负责公用航道工程建设监督管理的港口行政管理部门。

第八十一条 在国际、国境河流上从事航道工程建设活动适用本规定，但本规定与我国缔结的政府间协议不一致的，按照有关协议执行。

第八十二条　本规定自2020年2月1日起施行。2007年4月11日以交通部令2007年第3号发布的《航道建设管理规定》、2008年1月7日以交通部令2008年第1号发布的《航道工程竣工验收管理办法》、2014年9月5日以交通运输部令2014年第13号发布的《关于修改〈航道工程竣工验收管理办法〉的决定》、2018年11月28日以交通运输部令2018年第44号发布的《关于修改〈航道建设管理规定〉的决定》同时废止。

附件1：××工程竣工验收报告（略）

附件2：××工程竣工验收现场核查报告（略）

附件3：××航道工程竣工验收证书（略）

港口和船舶岸电管理办法

（2019年12月9日交通运输部令2019年第45号公布
自2020年2月1日起施行　国司备字［2020001298］）

第一章　总　　则

第一条　为减少船舶靠港期间大气污染物排放，保障船舶靠港安全规范使用岸电，依据《中华人民共和国港口法》《中华人民共和国大气污染防治法》等法规的规定，制定本办法。

第二条　中华人民共和国境内港口和船舶岸电建设、使用及有关活动，应当遵守本办法。

第三条　交通运输部主管全国港口和船舶岸电建设、使用等工作。

县级以上地方人民政府交通运输（港口）主管部门按照职责负责辖区水路运输经营者船舶受电设施安装、码头岸电设施建设以及向靠港船舶提供岸电服务等活动的监督管理。

各级海事管理机构按照职责，负责船舶受电设施安装的监督管理。

第四条 地方各级交通运输（港口）主管部门应当积极争取地方人民政府出台政策，支持码头岸电设施改造和船舶受电设施安装，鼓励船舶靠港使用岸电。

第二章 建设和使用

第五条 码头工程项目单位应当按照法律法规和强制性标准等要求，对新建、改建、扩建码头工程（油气化工码头除外）同步设计、建设岸电设施。

第六条 港口经营人应当按照法律法规、强制性标准和国家有关规定，对已建码头（油气化工码头除外）逐步实施岸电设施改造。

第七条 码头岸电设施的供电能力应当与靠泊船舶的用电需求相适应。

第八条 为保障船舶靠港使用岸电安全，码头工程项目单位或者港口经营人在岸电设施投入使用前，应当按照相关强制性标准组织对岸电设施检测，其中高压岸电设施投入使用前，应当由具备相应能力的专业机构检测。

第九条 新建和已建中国籍船舶受电设施安装应当符合船舶法定检验技术规则，投入使用前需经船舶检验机构检验合格。

第十条 在船舶大气污染排放控制区靠泊的中国籍船舶，需要满足大气污染排放要求加装船舶受电设施的，相应水路运输经营者应当制定船舶受电设施安装计划并组织实施。

第十一条 具备受电设施的船舶（液货船除外），在沿海港口具备岸电供应能力的泊位靠泊超过 3 小时，在内河港口具备岸电供应能力的泊位靠泊超过 2 小时，且未使用有效替代措施的，应当使用岸电;船舶、码头岸电设施临时发生故障,或者恶劣气候、意外事故等紧急情况下无法使用岸电的除外。

船舶靠泊不足前款规定时间的,鼓励使用岸电。

第十二条 船舶靠港使用岸电的用电量不计入港口能耗统计范围。

第三章 服务和安全

第十三条 港口经营人、岸电供电企业应当将码头岸电设施主要技术参数等信息通过网站等渠道向社会公开,并报送所在地交通运输(港口)主管部门。

所在地交通运输(港口)主管部门应当汇总辖区全部码头岸电设施信息,通过网站等渠道向社会公开,并通报海事管理机构。

第十四条 船舶应当在靠泊前,向港口经营人提供船舶受电设施的配备情况以及主要技术参数等信息。

第十五条 按照第十一条规定应当使用岸电的,港口经营人应当将用电船舶安排在具备相应岸电供应能力的泊位靠泊,对其他具备受电设施的船舶,鼓励安排在具备岸电设施的泊位靠泊。

第十六条 鼓励有关单位对使用岸电的船舶实施优先靠泊、减免岸电服务费、优先过闸或者优先通行等措施。

第十七条 岸电供电企业和水路运输经营者应当建立健全码头岸电设施、船舶受电设施的管理、使用、维护保养制度和操作规程等,发生故障应当及时修复。

第十八条 岸电供电企业和船舶应当如实记录岸电设备设施使用情况,并至少保存2年。记录内容主要包括泊位名称、船舶名称、靠离泊时间、岸电使用起止时间、用电量等。码头岸电设施、船舶受电设施发生故障的,还应当记录故障时间、故障情况及修复时间等。

岸电供电企业应当按照有关规定将岸电供应情况报送所在地

交通运输(港口)主管部门。船舶应当按照船舶能耗数据收集管理的要求,向海事管理机构报告岸电使用情况,将岸电使用情况记录留船备查。

第十九条 港口经营人、岸电供电企业和船舶应当制定事故应急预案,明确岸电使用过程中各类事故的应急处置流程,并定期进行演练,适时修订。

第二十条 岸电供电企业和水路运输经营者应当组织作业人员进行操作技能、设备使用、作业程序、安全防护和应急处置等培训。

第二十一条 港口经营人、岸电供电企业和水路运输经营者应明确划分岸电使用安全责任。鼓励港口经营人、岸电供电企业和水路运输经营者购买岸电安全责任相关保险。

第四章 监督检查

第二十二条 码头岸电设施建设和检测,港口经营人、岸电供电企业向靠港船舶提供岸电服务以及水路运输经营者组织实施船舶受电设施安装等情况由市、县级交通运输(港口)主管部门监督检查。

海事管理机构可以通过文件查阅等方式,核查船舶受电设施满足本办法和船舶法定检验技术规则要求、船舶使用岸电等情况。

交通运输(港口)主管部门和海事管理机构应当制定相关监督检查制度,并定期相互通报有关信息。

第二十三条 新建、改建、扩建港口工程的项目单位、已建码头的港口经营人违反第五条、第六条,港口经营人违反第十五条规定的,由所在地交通运输(港口)主管部门责令限期改正。

第二十四条 国内航行船舶未按照第十条规定安装受电设施的,由海事管理机构通报水路运输经营者注册地交通运输主管部门;国际航行船舶未按照第十条规定安装受电设施的,由直属海事机构汇总后定期报告交通运输部。

第二十五条 船舶违反本办法第十一条第一款规定的，由海事管理机构责令限期改正。

第二十六条 水路运输经营者未按照第十七条、第十九条规定制定相关制度、应急预案，由注册地交通运输主管部门责令限期改正。

第二十七条 岸电供电企业和船舶未按照第十七条、第十八条、第十九条、第二十条规定建立相关制度或者应急预案、记录或者报送岸电供电信息、提供岸电服务，或者岸电设施出现故障不及时维修导致3个月以上无法正常使用，由所在地交通运输（港口）主管部门和海事管理机构责令限期改正。

第二十八条 船舶未按照第十八条第二款规定报告岸电使用情况，由海事管理机构责令限期改正。

第五章 附 则

第二十九条 岸电供电质量、供电安全、电力供应与使用、供电价格等应当符合电力、价格等法规，以及电力领域的强制性标准和技术规范。

第三十条 本办法所称船舶受电设施是指船舶岸电系统船载装置。

岸电供电企业是指为靠港船舶提供岸电服务的组织或单位，可为港口经营人或者受港口经营人委托的第三方。

有效替代措施是指船舶靠港期间使用电能、LNG等新能源、清洁能源作为动力，或者关闭辅机等其他等效措施。

岸电设施是指由岸侧电力系统向停靠码头的船舶提供电能的设备及装置的整体，主要包括开关柜、岸电电源、接电装置、电缆管理装置等。

第三十一条 公务船舶和工程船舶使用岸电参照本办法执

行。

第三十二条 军事船舶、渔船和体育船舶不适用本办法。

第三十三条 本办法自2020年2月1日起施行。

人力资源社会保障部关于修改部分规章的决定

（2019年12月9日人力资源和社会保障部令第42号公布 自公布之日起施行 国司备字[2020001469]）

根据《国务院办公厅关于做好证明事项清理工作的通知》（国办发〔2018〕47号）要求，人力资源社会保障部再次对现行有效的部门规章设定的证明事项材料进行了全面清理。经商市场监管总局同意，人力资源社会保障部决定对《人才市场管理规定》和《失业保险金申领发放办法》的部分条款予以修改：

一、对《人才市场管理规定》作出修改

将第七条第一款修改为："设立人才中介服务机构，可以通过信函、电报、电传、传真、电子数据交换和电子邮件等方式向政府人事行政部门提出申请，并按本规定第六条的要求提交有关证明材料，但学历证明除外。其中设立固定人才交流场所的，须做专门的说明。"

二、对《失业保险金申领发放办法》作出修改

删去第五条中的"参加失业保险及缴费情况证明"。

本决定自公布之日起施行。

《人才市场管理规定》《失业保险金申领发放办法》根据本决定作相应修改，重新公布。

网络信息内容生态治理规定

（2019年12月15日国家互联网信息办公室令第5号公布　自2020年3月1日起施行　国司备字[2020001393]）

第一章　总　　则

第一条　为了营造良好网络生态，保障公民、法人和其他组织的合法权益，维护国家安全和公共利益，根据《中华人民共和国国家安全法》《中华人民共和国网络安全法》《互联网信息服务管理办法》等法律、行政法规，制定本规定。

第二条　中华人民共和国境内的网络信息内容生态治理活动，适用本规定。

本规定所称网络信息内容生态治理，是指政府、企业、社会、网民等主体，以培育和践行社会主义核心价值观为根本，以网络信息内容为主要治理对象，以建立健全网络综合治理体系、营造清朗的网络空间、建设良好的网络生态为目标，开展的弘扬正能量、处置违法和不良信息等相关活动。

第三条　国家网信部门负责统筹协调全国网络信息内容生态治理和相关监督管理工作，各有关主管部门依据各自职责做好网络信息内容生态治理工作。

地方网信部门负责统筹协调本行政区域内网络信息内容生态治理和相关监督管理工作，地方各有关主管部门依据各自职责做好本行政区域内网络信息内容生态治理工作。

第二章　网络信息内容生产者

第四条　网络信息内容生产者应当遵守法律法规，遵循公序良俗，不得损害国家利益、公共利益和他人合法权益。

第五条 鼓励网络信息内容生产者制作、复制、发布含有下列内容的信息：

（一）宣传习近平新时代中国特色社会主义思想，全面准确生动解读中国特色社会主义道路、理论、制度、文化的；

（二）宣传党的理论路线方针政策和中央重大决策部署的；

（三）展示经济社会发展亮点，反映人民群众伟大奋斗和火热生活的；

（四）弘扬社会主义核心价值观，宣传优秀道德文化和时代精神，充分展现中华民族昂扬向上精神风貌的；

（五）有效回应社会关切，解疑释惑，析事明理，有助于引导群众形成共识的；

（六）有助于提高中华文化国际影响力，向世界展现真实立体全面的中国的；

（七）其他讲品味讲格调讲责任、讴歌真善美、促进团结稳定等的内容。

第六条 网络信息内容生产者不得制作、复制、发布含有下列内容的违法信息：

（一）反对宪法所确定的基本原则的；

（二）危害国家安全，泄露国家秘密，颠覆国家政权，破坏国家统一的；

（三）损害国家荣誉和利益的；

（四）歪曲、丑化、亵渎、否定英雄烈士事迹和精神，以侮辱、诽谤或者其他方式侵害英雄烈士的姓名、肖像、名誉、荣誉的；

（五）宣扬恐怖主义、极端主义或者煽动实施恐怖活动、极端主义活动的；

（六）煽动民族仇恨、民族歧视，破坏民族团结的；

（七）破坏国家宗教政策，宣扬邪教和封建迷信的；

（八）散布谣言，扰乱经济秩序和社会秩序的；

（九）散布淫秽、色情、赌博、暴力、凶杀、恐怖或者教唆犯罪的；

（十）侮辱或者诽谤他人，侵害他人名誉、隐私和其他合法权益的；

（十一）法律、行政法规禁止的其他内容。

第七条 网络信息内容生产者应当采取措施，防范和抵制制作、复制、发布含有下列内容的不良信息：

（一）使用夸张标题，内容与标题严重不符的；

（二）炒作绯闻、丑闻、劣迹等的；

（三）不当评述自然灾害、重大事故等灾难的；

（四）带有性暗示、性挑逗等易使人产生性联想的；

（五）展现血腥、惊悚、残忍等致人身心不适的；

（六）煽动人群歧视、地域歧视等的；

（七）宣扬低俗、庸俗、媚俗内容的；

（八）可能引发未成年人模仿不安全行为和违反社会公德行为、诱导未成年人不良嗜好等的；

（九）其他对网络生态造成不良影响的内容。

第三章　网络信息内容服务平台

第八条 网络信息内容服务平台应当履行信息内容管理主体责任，加强本平台网络信息内容生态治理，培育积极健康、向上向善的网络文化。

第九条 网络信息内容服务平台应当建立网络信息内容生态治理机制，制定本平台网络信息内容生态治理细则，健全用户注册、账号管理、信息发布审核、跟帖评论审核、版面页面生态管理、实时巡查、应急处置和网络谣言、黑色产业链信息处置等制度。

网络信息内容服务平台应当设立网络信息内容生态治理负责人，配备与业务范围和服务规模相适应的专业人员，加强培训考核，提升从业人员素质。

第十条 网络信息内容服务平台不得传播本规定第六条规定的信息，应当防范和抵制传播本规定第七条规定的信息。

网络信息内容服务平台应当加强信息内容的管理，发现本规定第六条、第七条规定的信息的，应当依法立即采取处置措施，保存有关记录，并向有关主管部门报告。

第十一条 鼓励网络信息内容服务平台坚持主流价值导向，优化信息推荐机制，加强版面页面生态管理，在下列重点环节(包括服务类型、位置版块等)积极呈现本规定第五条规定的信息：

(一)互联网新闻信息服务首页首屏、弹窗和重要新闻信息内容页面等；

(二)互联网用户公众账号信息服务精选、热搜等；

(三)博客、微博客信息服务热门推荐、榜单类、弹窗及基于地理位置的信息服务版块等；

(四)互联网信息搜索服务热搜词、热搜图及默认搜索等；

(五)互联网论坛社区服务首页首屏、榜单类、弹窗等；

(六)互联网音视频服务首页首屏、发现、精选、榜单类、弹窗等；

(七)互联网网址导航服务、浏览器服务、输入法服务首页首屏、榜单类、皮肤、联想词、弹窗等；

(八)数字阅读、网络游戏、网络动漫服务首页首屏、精选、榜单类、弹窗等；

(九)生活服务、知识服务平台首页首屏、热门推荐、弹窗等；

(十)电子商务平台首页首屏、推荐区等；

(十一)移动应用商店、移动智能终端预置应用软件和内置信息内容服务首屏、推荐区等；

(十二)专门以未成年人为服务对象的网络信息内容专栏、专区和产品等；

(十三)其他处于产品或者服务醒目位置、易引起网络信息内容服务使用者关注的重点环节。

网络信息内容服务平台不得在以上重点环节呈现本规定第七条规定的信息。

第十二条 网络信息内容服务平台采用个性化算法推荐技术推送信息的,应当设置符合本规定第十条、第十一条规定要求的推荐模型,建立健全人工干预和用户自主选择机制。

第十三条 鼓励网络信息内容服务平台开发适合未成年人使用的模式,提供适合未成年人使用的网络产品和服务,便利未成年人获取有益身心健康的信息。

第十四条 网络信息内容服务平台应当加强对本平台设置的广告位和在本平台展示的广告内容的审核巡查,对发布违法广告的,应当依法予以处理。

第十五条 网络信息内容服务平台应当制定并公开管理规则和平台公约,完善用户协议,明确用户相关权利义务,并依法依约履行相应管理职责。

网络信息内容服务平台应当建立用户账号信用管理制度,根据用户账号的信用情况提供相应服务。

第十六条 网络信息内容服务平台应当在显著位置设置便捷的投诉举报入口,公布投诉举报方式,及时受理处置公众投诉举报并反馈处理结果。

第十七条 网络信息内容服务平台应当编制网络信息内容生态治理工作年度报告,年度报告应当包括网络信息内容生态治理工作情况、网络信息内容生态治理负责人履职情况、社会评价情况等内容。

第四章 网络信息内容服务使用者

第十八条 网络信息内容服务使用者应当文明健康使用网络,按照法律法规的要求和用户协议约定,切实履行相应义务,在以发帖、回复、留言、弹幕等形式参与网络活动时,文明互动,理性表达，不得发布本规定第六条规定的信息，防范和抵制本规定第七条规定的信息。

第十九条 网络群组、论坛社区版块建立者和管理者应当履行群组、版块管理责任，依据法律法规、用户协议和平台公约等，规范群组、版块内信息发布等行为。

第二十条 鼓励网络信息内容服务使用者积极参与网络信息内容生态治理，通过投诉、举报等方式对网上违法和不良信息进行监督，共同维护良好网络生态。

第二十一条 网络信息内容服务使用者和网络信息内容生产者、网络信息内容服务平台不得利用网络和相关信息技术实施侮辱、诽谤、威胁、散布谣言以及侵犯他人隐私等违法行为，损害他人合法权益。

第二十二条 网络信息内容服务使用者和网络信息内容生产者、网络信息内容服务平台不得通过发布、删除信息以及其他干预信息呈现的手段侵害他人合法权益或者谋取非法利益。

第二十三条 网络信息内容服务使用者和网络信息内容生产者、网络信息内容服务平台不得利用深度学习、虚拟现实等新技术新应用从事法律、行政法规禁止的活动。

第二十四条 网络信息内容服务使用者和网络信息内容生产者、网络信息内容服务平台不得通过人工方式或者技术手段实施流量造假、流量劫持以及虚假注册账号、非法交易账号、操纵用户账号等行为，破坏网络生态秩序。

第二十五条 网络信息内容服务使用者和网络信息内容生产者、网络信息内容服务平台不得利用党旗、党徽、国旗、国徽、国歌等代表党和国家形象的标识及内容，或者借国家重大活动、重大纪念日和国家机关及其工作人员名义等，违法违规开展网络商业营销活动。

第五章　网络行业组织

第二十六条　鼓励行业组织发挥服务指导和桥梁纽带作用，引导会员单位增强社会责任感，唱响主旋律，弘扬正能量，反对违法信息，防范和抵制不良信息。

第二十七条　鼓励行业组织建立完善行业自律机制，制定网络信息内容生态治理行业规范和自律公约，建立内容审核标准细则，指导会员单位建立健全服务规范、依法提供网络信息内容服务、接受社会监督。

第二十八条　鼓励行业组织开展网络信息内容生态治理教育培训和宣传引导工作，提升会员单位、从业人员治理能力，增强全社会共同参与网络信息内容生态治理意识。

第二十九条　鼓励行业组织推动行业信用评价体系建设，依据章程建立行业评议等评价奖惩机制，加大对会员单位的激励和惩戒力度，强化会员单位的守信意识。

第六章　监督管理

第三十条　各级网信部门会同有关主管部门，建立健全信息共享、会商通报、联合执法、案件督办、信息公开等工作机制，协同开展网络信息内容生态治理工作。

第三十一条　各级网信部门对网络信息内容服务平台履行信息内容管理主体责任情况开展监督检查，对存在问题的平台开展专项督查。

网络信息内容服务平台对网信部门和有关主管部门依法实施的监督检查，应当予以配合。

第三十二条　各级网信部门建立网络信息内容服务平台违法违规行为台账管理制度，并依法依规进行相应处理。

第三十三条 各级网信部门建立政府、企业、社会、网民等主体共同参与的监督评价机制，定期对本行政区域内网络信息内容服务平台生态治理情况进行评估。

第七章 法律责任

第三十四条 网络信息内容生产者违反本规定第六条规定的，网络信息内容服务平台应当依法依约采取警示整改、限制功能、暂停更新、关闭账号等处置措施，及时消除违法信息内容，保存记录并向有关主管部门报告。

第三十五条 网络信息内容服务平台违反本规定第十条、第三十一条第二款规定的，由网信等有关主管部门依据职责，按照《中华人民共和国网络安全法》《互联网信息服务管理办法》等法律、行政法规的规定予以处理。

第三十六条 网络信息内容服务平台违反本规定第十一条第二款规定的，由设区的市级以上网信部门依据职责进行约谈，给予警告，责令限期改正；拒不改正或者情节严重的，责令暂停信息更新，按照有关法律、行政法规的规定予以处理。

第三十七条 网络信息内容服务平台违反本规定第九条、第十二条、第十五条、第十六条、第十七条规定的，由设区的市级以上网信部门依据职责进行约谈，给予警告，责令限期改正；拒不改正或者情节严重的，责令暂停信息更新，按照有关法律、行政法规的规定予以处理。

第三十八条 违反本规定第十四条、第十八条、第十九条、第二十一条、第二十二条、第二十三条、第二十四条、第二十五条规定的，由网信等有关主管部门依据职责，按照有关法律、行政法规的规定予以处理。

第三十九条 网信部门根据法律、行政法规和国家有关规定，会同有关主管部门建立健全网络信息内容服务严重失信联合惩戒机制，对严重违反本规定的网络信息内容服务平台、网络信息内容生产者和网络信息内容使用者依法依规实施限制从事网络信息服务、网上行为限制、行业禁入等惩戒措施。

第四十条 违反本规定，给他人造成损害的，依法承担民事责任；构成犯罪的，依法追究刑事责任；尚不构成犯罪的，由有关主管部门依照有关法律、行政法规的规定予以处罚。

第八章 附 则

第四十一条 本规定所称网络信息内容生产者，是指制作、复制、发布网络信息内容的组织或者个人。

本规定所称网络信息内容服务平台，是指提供网络信息内容传播服务的网络信息服务提供者。

本规定所称网络信息内容服务使用者，是指使用网络信息内容服务的组织或者个人。

第四十二条 本规定自2020年3月1日起施行。

交通运输部 工业和信息化部 公安部 商务部 市场监管总局 国家网信办 关于修改《网络预约出租汽车经营服务管理暂行办法》的决定

（2019年12月28日交通运输部、工业和信息化部、公安部、商务部、市场监管总局、国家网信办令2019年第46号公布 自公布之日起施行 国司备字[2020001432]）

交通运输部 工业和信息化部 公安部 商务部 市场监管总局 国家网信办决定对《网络预约出租汽车经营服务管理暂行

办法》(交通运输部　工业和信息化部　公安部　商务部　工商总局　质检总局　国家网信办令2016年第60号)作如下修改:

删去第六条第一款第三项中的"外商投资企业还应当提供外商投资企业批准证书"。

个别文字作相应调整。

本决定自公布之日起施行。

《网络预约出租汽车经营服务管理暂行办法》根据本决定作相应修正,重新发布。

网络预约出租汽车经营服务管理暂行办法

(2016年7月27日交通运输部、工业和信息化部、公安部、商务部、工商总局、质检总局、国家网信办令2016年第60号公布　根据2019年12月28日《交通运输部、工业和信息化部、公安部、商务部、市场监管总局、国家网信办关于修改〈网络预约出租汽车经营服务管理暂行办法〉的决定》修订)

第一章　总　　则

第一条　为更好地满足社会公众多样化出行需求,促进出租汽车行业和互联网融合发展,规范网络预约出租汽车经营服务行为,保障运营安全和乘客合法权益,根据国家有关法律、行政法规,制定本办法。

第二条　从事网络预约出租汽车(以下简称网约车)经营服务,应当遵守本办法。

本办法所称网约车经营服务,是指以互联网技术为依托构建服务平台,整合供需信息,使用符合条件的车辆和驾驶员,提供非巡游的预约出租汽车服务的经营活动。

本办法所称网络预约出租汽车经营者(以下称网约车平台公司),是指构建网络服务平台,从事网约车经营服务的企业法人。

第三条 坚持优先发展城市公共交通、适度发展出租汽车,按照高品质服务、差异化经营的原则,有序发展网约车。

网约车运价实行市场调节价,城市人民政府认为有必要实行政府指导价的除外。

第四条 国务院交通运输主管部门负责指导全国网约车管理工作。

各省、自治区人民政府交通运输主管部门在本级人民政府领导下,负责指导本行政区域内网约车管理工作。

直辖市、设区的市级或者县级交通运输主管部门或人民政府指定的其他出租汽车行政主管部门(以下称出租汽车行政主管部门)在本级人民政府领导下,负责具体实施网约车管理。

其他有关部门依据法定职责,对网约车实施相关监督管理。

第二章 网约车平台公司

第五条 申请从事网约车经营的,应当具备线上线下服务能力,符合下列条件:

(一)具有企业法人资格;

(二)具备开展网约车经营的互联网平台和与拟开展业务相适应的信息数据交互及处理能力,具备供交通、通信、公安、税务、网信等相关监管部门依法调取查询相关网络数据信息的条件,网络服务平台数据库接入出租汽车行政主管部门监管平台,服务器设置在中国内地,有符合规定的网络安全管理制度和安全保护技术措施;

(三)使用电子支付的,应当与银行、非银行支付机构签订提供支付结算服务的协议;

(四)有健全的经营管理制度、安全生产管理制度和服务质量保障制度；

（五）在服务所在地有相应服务机构及服务能力；

（六）法律法规规定的其他条件。

外商投资网约车经营的，除符合上述条件外，还应当符合外商投资相关法律法规的规定。

第六条 申请从事网约车经营的，应当根据经营区域向相应的出租汽车行政主管部门提出申请，并提交以下材料：

（一）网络预约出租汽车经营申请表（见附件）；

（二）投资人、负责人身份、资信证明及其复印件，经办人的身份证明及其复印件和委托书；

（三）企业法人营业执照，属于分支机构的还应当提交营业执照；

（四）服务所在地办公场所、负责人员和管理人员等信息；

（五）具备互联网平台和信息数据交互及处理能力的证明材料，具备供交通、通信、公安、税务、网信等相关监管部门依法调取查询相关网络数据信息条件的证明材料，数据库接入情况说明，服务器设置在中国内地的情况说明，依法建立并落实网络安全管理制度和安全保护技术措施的证明材料；

（六）使用电子支付的，应当提供与银行、非银行支付机构签订的支付结算服务协议；

（七）经营管理制度、安全生产管理制度和服务质量保障制度文本；

（八）法律法规要求提供的其他材料。

首次从事网约车经营的，应当向企业注册地相应出租汽车行政主管部门提出申请，前款第（五）、第（六）项有关线上服务能力材料由网约车平台公司注册地省级交通运输主管部门商同级通信、公安、税务、网信、人民银行等部门审核认定，并提供相应认定结果，认定结果全国有效。网约车平台公司在注册地以外申请从事网约车经营的，应当提交前款第（五）、第（六）项有关线上服务能力认定结果。

其他线下服务能力材料，由受理申请的出租汽车行政主管部门进行审核。

第七条 出租汽车行政主管部门应当自受理之日起20日内作出许可或者不予许可的决定。20日内不能作出决定的，经实施机关负责人批准，可以延长10日，并应当将延长期限的理由告知申请人。

第八条 出租汽车行政主管部门对于网约车经营申请作出行政许可决定的，应当明确经营范围、经营区域、经营期限等，并发放《网络预约出租汽车经营许可证》。

第九条 出租汽车行政主管部门对不符合规定条件的申请作出不予行政许可决定的，应当向申请人出具《不予行政许可决定书》。

第十条 网约车平台公司应当在取得相应《网络预约出租汽车经营许可证》并向企业注册地省级通信主管部门申请互联网信息服务备案后，方可开展相关业务。备案内容包括经营者真实身份信息、接入信息、出租汽车行政主管部门核发的《网络预约出租汽车经营许可证》等。涉及经营电信业务的，还应当符合电信管理的相关规定。

网约车平台公司应当自网络正式联通之日起30日内，到网约车平台公司管理运营机构所在地的省级人民政府公安机关指定的受理机关办理备案手续。

第十一条 网约车平台公司暂停或者终止运营的，应当提前30日向服务所在地出租汽车行政主管部门书面报告，说明有关情况，通告提供服务的车辆所有人和驾驶员，并向社会公告。终止经营的，应当将相应《网络预约出租汽车经营许可证》交回原许可机关。

第三章 网约车车辆和驾驶员

第十二条 拟从事网约车经营的车辆，应当符合以下条件：

（一）7 座及以下乘用车；

（二）安装具有行驶记录功能的车辆卫星定位装置、应急报警装置；

（三）车辆技术性能符合运营安全相关标准要求。

车辆的具体标准和营运要求，由相应的出租汽车行政主管部门，按照高品质服务、差异化经营的发展原则，结合本地实际情况确定。

第十三条 服务所在地出租汽车行政主管部门依车辆所有人或者网约车平台公司申请，按第十二条规定的条件审核后，对符合条件并登记为预约出租客运的车辆，发放《网络预约出租汽车运输证》。

城市人民政府对网约车发放《网络预约出租汽车运输证》另有规定的，从其规定。

第十四条 从事网约车服务的驾驶员，应当符合以下条件：

（一）取得相应准驾车型机动车驾驶证并具有 3 年以上驾驶经历；

（二）无交通肇事犯罪、危险驾驶犯罪记录，无吸毒记录，无饮酒后驾驶记录，最近连续 3 个记分周期内没有记满 12 分记录；

（三）无暴力犯罪记录；

（四）城市人民政府规定的其他条件。

第十五条 服务所在地设区的市级出租汽车行政主管部门依驾驶员或者网约车平台公司申请，按第十四条规定的条件核查并按规定考核后，为符合条件且考核合格的驾驶员，发放《网络预约出租汽车驾驶员证》。

第四章　网约车经营行为

第十六条　网约车平台公司承担承运人责任,应当保证运营安全,保障乘客合法权益。

第十七条　网约车平台公司应当保证提供服务车辆具备合法营运资质,技术状况良好,安全性能可靠,具有营运车辆相关保险,保证线上提供服务的车辆与线下实际提供服务的车辆一致,并将车辆相关信息向服务所在地出租汽车行政主管部门报备。

第十八条　网约车平台公司应当保证提供服务的驾驶员具有合法从业资格,按照有关法律法规规定,根据工作时长、服务频次等特点,与驾驶员签订多种形式的劳动合同或者协议,明确双方的权利和义务。网约车平台公司应当维护和保障驾驶员合法权益,开展有关法律法规、职业道德、服务规范、安全运营等方面的岗前培训和日常教育,保证线上提供服务的驾驶员与线下实际提供服务的驾驶员一致,并将驾驶员相关信息向服务所在地出租汽车行政主管部门报备。

网约车平台公司应当记录驾驶员、约车人在其服务平台发布的信息内容、用户注册信息、身份认证信息、订单日志、上网日志、网上交易日志、行驶轨迹日志等数据并备份。

第十九条　网约车平台公司应当公布确定符合国家有关规定的计程计价方式,明确服务项目和质量承诺,建立服务评价体系和乘客投诉处理制度,如实采集与记录驾驶员服务信息。在提供网约车服务时,提供驾驶员姓名、照片、手机号码和服务评价结果,以及车辆牌照等信息。

第二十条　网约车平台公司应当合理确定网约车运价,实行明码标价,并向乘客提供相应的出租汽车发票。

第二十一条　网约车平台公司不得妨碍市场公平竞争,不得侵害乘客合法权益和社会公共利益。

网约车平台公司不得有为排挤竞争对手或者独占市场,以低于成本的价格运营扰乱正常市场秩序,损害国家利益或者其他经营者合法权益等不正当价格行为,不得有价格违法行为。

第二十二条 网约车应当在许可的经营区域内从事经营活动,超出许可的经营区域的,起讫点一端应当在许可的经营区域内。

第二十三条 网约车平台公司应当依法纳税,为乘客购买承运人责任险等相关保险,充分保障乘客权益。

第二十四条 网约车平台公司应当加强安全管理,落实运营、网络等安全防范措施,严格数据安全保护和管理,提高安全防范和抗风险能力,支持配合有关部门开展相关工作。

第二十五条 网约车平台公司和驾驶员提供经营服务应当符合国家有关运营服务标准,不得途中甩客或者故意绕道行驶,不得违规收费,不得对举报、投诉其服务质量或者对其服务作出不满意评价的乘客实施报复行为。

第二十六条 网约车平台公司应当通过其服务平台以显著方式将驾驶员、约车人和乘客等个人信息的采集和使用的目的、方式和范围进行告知。未经信息主体明示同意,网约车平台公司不得使用前述个人信息用于开展其他业务。

网约车平台公司采集驾驶员、约车人和乘客的个人信息,不得超越提供网约车业务所必需的范围。

除配合国家机关依法行使监督检查权或者刑事侦查权外,网约车平台公司不得向任何第三方提供驾驶员、约车人和乘客的姓名、联系方式、家庭住址、银行账户或者支付账户、地理位置、出行线路等个人信息,不得泄露地理坐标、地理标志物等涉及国家安全的敏感信息。发生信息泄露后,网约车平台公司应当及时向相关主管部门报告,并采取及时有效的补救措施。

第二十七条 网约车平台公司应当遵守国家网络和信息安全有关规定,所采集的个人信息和生成的业务数据,应当在中国内地存储和使用,保存期限不少于2年,除法律法规另有规定外,上述信息和数据不得外流。

网约车平台公司不得利用其服务平台发布法律法规禁止传播的信息，不得为企业、个人及其他团体、组织发布有害信息提供便利，并采取有效措施过滤阻断有害信息传播。发现他人利用其网络服务平台传播有害信息的，应当立即停止传输，保存有关记录，并向国家有关机关报告。

网约车平台公司应当依照法律规定，为公安机关依法开展国家安全工作，防范、调查违法犯罪活动提供必要的技术支持与协助。

第二十八条 任何企业和个人不得向未取得合法资质的车辆、驾驶员提供信息对接开展网约车经营服务。不得以私人小客车合乘名义提供网约车经营服务。

网约车车辆和驾驶员不得通过未取得经营许可的网络服务平台提供运营服务。

第五章 监督检查

第二十九条 出租汽车行政主管部门应当建设和完善政府监管平台，实现与网约车平台信息共享。共享信息应当包括车辆和驾驶员基本信息、服务质量以及乘客评价信息等。

出租汽车行政主管部门应当加强对网约车市场监管，加强对网约车平台公司、车辆和驾驶员的资质审查与证件核发管理。

出租汽车行政主管部门应当定期组织开展网约车服务质量测评，并及时向社会公布本地区网约车平台公司基本信息、服务质量测评结果、乘客投诉处理情况等信息。

出租汽车行政主管、公安等部门有权根据管理需要依法调取查阅管辖范围内网约车平台公司的登记、运营和交易等相关数据信息。

第三十条 通信主管部门和公安、网信部门应当按照各自职责，对网约车平台公司非法收集、存储、处理和利用有关个人信息、违反互联网信息服务有关规定、危害网络和信息安全、应用网约车服务平台发布有害信息或者为企业、个人及其他团体组织发布有害信息提供便利的行为,依法进行查处,并配合出租汽车行政主管部门对认定存在违法违规行为的网约车平台公司进行依法处置。

公安机关、网信部门应当按照各自职责监督检查网络安全管理制度和安全保护技术措施的落实情况,防范、查处有关违法犯罪活动。

第三十一条 发展改革、价格、通信、公安、人力资源社会保障、商务、人民银行、税务、市场监管、网信等部门按照各自职责,对网约车经营行为实施相关监督检查,并对违法行为依法处理。

第三十二条 各有关部门应当按照职责建立网约车平台公司和驾驶员信用记录,并纳入全国信用信息共享平台。同时将网约车平台公司行政许可和行政处罚等信用信息在国家企业信用信息公示系统上予以公示。

第三十三条 出租汽车行业协会组织应当建立网约车平台公司和驾驶员不良记录名单制度,加强行业自律。

第六章 法律责任

第三十四条 违反本规定,有下列行为之一的,由县级以上出租汽车行政主管部门责令改正,予以警告,并处以 10000 元以上 30000 元以下罚款;构成犯罪的,依法追究刑事责任:

(一)未取得经营许可,擅自从事或者变相从事网约车经营活动的;

(二)伪造、变造或者使用伪造、变造、失效的《网络预约出租汽车运输证》《网络预约出租汽车驾驶员证》从事网约车经营活动的。

第三十五条 网约车平台公司违反本规定,有下列行为之一的,由县级以上出租汽车行政主管部门和价格主管部门按照职责责令改正,对每次违法行为处以 5000 元以上 10000 元以下罚款;情节严重的,处以 10000 元以上 30000 元以下罚款:

（一）提供服务车辆未取得《网络预约出租汽车运输证》，或者线上提供服务车辆与线下实际提供服务车辆不一致的；

（二）提供服务驾驶员未取得《网络预约出租汽车驾驶员证》，或者线上提供服务驾驶员与线下实际提供服务驾驶员不一致的；

（三）未按照规定保证车辆技术状况良好的；

（四）起讫点均不在许可的经营区域从事网约车经营活动的；

（五）未按照规定将提供服务的车辆、驾驶员相关信息向服务所在地出租汽车行政主管部门报备的；

（六）未按照规定制定服务质量标准、建立并落实投诉举报制度的；

（七）未按照规定提供共享信息，或者不配合出租汽车行政主管部门调取查阅相关数据信息的；

（八）未履行管理责任，出现甩客、故意绕道、违规收费等严重违反国家相关运营服务标准行为的。

网约车平台公司不再具备线上线下服务能力或者有严重违法行为的，由县级以上出租汽车行政主管部门依据相关法律法规的有关规定责令停业整顿、吊销相关许可证件。

第三十六条 网约车驾驶员违反本规定，有下列情形之一的，由县级以上出租汽车行政主管部门和价格主管部门按照职责责令改正，对每次违法行为处以50元以上200元以下罚款：

（一）未按照规定携带《网络预约出租汽车运输证》、《网络预约出租汽车驾驶员证》的；

（二）途中甩客或者故意绕道行驶的；

（三）违规收费的；

（四）对举报、投诉其服务质量或者对其服务作出不满意评价的乘客实施报复行为的。

网约车驾驶员不再具备从业条件或者有严重违法行为的，由县级以上出租汽车行政主管部门依据相关法律法规的有关规定撤销或者吊销从业资格证件。

对网约车驾驶员的行政处罚信息计入驾驶员和网约车平台公司信用记录。

第三十七条 网约车平台公司违反本规定第十、十八、二十六、二十七条有关规定的，由网信部门、公安机关和通信主管部门按各自职责依照相关法律法规规定给予处罚；给信息主体造成损失的，依法承担民事责任；涉嫌犯罪的，依法追究刑事责任。

网约车平台公司及网约车驾驶员违法使用或者泄露约车人、乘客个人信息的，由公安、网信等部门依照各自职责处以2000元以上10000元以下罚款；给信息主体造成损失的，依法承担民事责任；涉嫌犯罪的，依法追究刑事责任。

网约车平台公司拒不履行或者拒不按要求为公安机关依法开展国家安全工作，防范、调查违法犯罪活动提供技术支持与协助的，由公安机关依法予以处罚；构成犯罪的，依法追究刑事责任。

第七章 附 则

第三十八条 私人小客车合乘，也称为拼车、顺风车，按城市人民政府有关规定执行。

第三十九条 网约车行驶里程达到60万千米时强制报废。行驶里程未达到60万千米但使用年限达到8年时，退出网约车经营。

小、微型非营运载客汽车登记为预约出租客运的，按照网约车报废标准报废。其他小、微型营运载客汽车登记为预约出租客运的，按照该类型营运载客汽车报废标准和网约车报废标准中先行达到的标准报废。

省、自治区、直辖市人民政府有关部门要结合本地实际情况，制定网约车报废标准的具体规定，并报国务院商务、公安、交通运输等部门备案。

第四十条 本办法自2016年11月1日起实施。各地可根据本办法结合本地实际制定具体实施细则。

附件

受理申请机关专用

网络预约出租汽车经营申请表

说明

1. 申请从事网络预约出租汽车经营应当按照《网络预约出租汽车经营服务管理暂行办法》的有关规定向相应出租汽车行政主管部门提出申请，填写本表，并同时提交其他相关材料。

2. 本表可向各级出租汽车行政主管部门免费索取，也可自行从交通运输部网站（www. mot. gov. cn）下载打印。

3. 本表需用钢笔填写或者计算机打印，请用正楷，要求字迹工整。

申请人基本信息

申请人名称____________________

要求填写企业（公司）全称

负责人姓名__________ 经办人姓名__________

通信地址____________________

____

邮　　编__________ 电　　话__________

手　　机__________ 电子邮箱__________

续表

申请材料核对表　　　　　　　　**请在□内划√**

1. 网络预约出租汽车经营申请表(本表) □

2. 投资人、负责人身份、资信证明及其复印件 □

经办人的身份证明及其复印件和委托书 □

3. 企业法人营业执照 □

属于分支机构的应当提供营业执照 □

4. 具备互联网平台和信息数据交互及处理能力的证明材料 □

5. 具备供相关监管部门依法调取查询相关网络数据信息条件的证明材料 □

6. 数据库接入情况 □

7. 服务器设置在中国内地的情况说明 □

8. 网络安全管理制度和安全保护技术措施文本 □

9. 提供支付结算服务的银行或者非银行支付机构签订的协议范本 □

10. 服务所在地办公场所、管理人员等信息 □

11. 经营管理制度、安全生产管理制度和服务质量保障制度文本 □

12. 法律法规要求提供的其他材料 □

只有上述材料齐全有效后,你的申请才能受理

声明

我声明本表及其他相关材料中提供的信息均真实可靠。

我知悉如此表中有故意填写的虚假信息,我取得的经营许可将被撤销。

我承诺将遵守国家有关法律、行政法规及其他相关规章的规定。

负责人签名________________　日期________________

负责人职位________________

人力资源社会保障部
关于修改部分规章的决定

（2019年12月31日人力资源和社会保障部令第43号公布　自公布之日起施行　国司备字[2020001472]）

根据《中华人民共和国外商投资法》的规定，按照国务院关于进一步扩大对外开放、优化营商环境的要求，人力资源社会保障部对相关部门规章进行了清理。经商商务部、市场监管总局同意，人力资源社会保障部决定对3件规章的部分条款予以修改：

一、对《人才市场管理规定》作出修改

（一）删去第十一条。

（二）删去第三十三条第二款。

二、对《中外合资人才中介机构管理暂行规定》作出修改

（一）将规章名称修改为《外商投资人才中介机构管理暂行规定》。

（二）将第二条修改为"本规定所称外商投资人才中介机构，是指全部或者部分由外国投资者投资，依照中国法律在中国境内经登记、许可设立的人才中介机构。"

（三）删去第三条第一款、第二款。

（四）删去第六条第（一）项；

删去第六条第（三）项中的"其中外方合资者的出资比例不得低于25%，中方合资者的出资比例不得低于51%"。

（五）删去第七条第一款中的"并报国务院人事行政部门备案"；

删去第七条第二款。

（六）将第八条第（二）项修改为"管理制度草案与章程"；

删去第八条第(三)项。

(七)删去第九条第二款中的“报国务院人事行政部门备案”。

(八)将第十条第(五)项修改为“人才培训”;

在第十条中增加一项“(六)人才信息网络服务”。

(九)将第十三条修改为“外商投资人才中介机构设立分支机构、变更机构名称、法定代表人和经营场所,应当自工商登记或者变更登记办理完毕之日起15日内,书面报告人事行政部门。”

(十)删去第十四条第一款中的“国务院人事行政部门”;

删去第十四条第二款中的“报国务院人事行政部门”。

(十一)将第十八条第一款修改为“香港特别行政区、澳门特别行政区、台湾地区投资者投资设立人才中介机构,参照本规定执行。法律法规另有规定的,依照其规定执行”;

删去第十八条第二款、第三款。

三、对《中外合资中外合作职业介绍机构设立管理暂行规定》作出修改

(一)将规章名称修改为《外商投资职业介绍机构设立管理暂行规定》。

(二)将第二条修改为“本规定所称外商投资职业介绍机构,是指全部或者部分由外国投资者投资,依照中国法律在中国境内经登记、许可设立的职业介绍机构。”

(三)删去第三条第二款中的“经省级人民政府外经贸行政部门(以下简称省级外经贸行政部门)批准”;

删去第三条第三款。

(四)将第五条第(一)项修改为“为中外求职者和用人单位、居民家庭提供职业介绍服务”;

在第五条中增加一项“(五)根据国家有关规定从事互联网职业信息服务”。

(五)将第六条修改为“拟设立的外商投资职业介绍机构应当具有一定数量具备职业介绍资格的专职工作人员,有明确的业务范围、机构章程、管理制度，有与开展业务相适应的固定场所、办公设施。”

（六）删去第七条。

（七）将第八条修改为“第七条　设立外商投资职业介绍机构，应当依法到拟设立企业住所所在地国家工商行政管理总局授权的地方工商行政管理局申请登记注册，领取营业执照。”

（八）将第九条第（一）项修改为“设立申请书”；

将第九条第（二）项修改为“机构章程和管理制度草案”；

将第九条第（五）项修改为“拟任负责人的基本情况、身份证明”。

（九）将第十一条修改为“第十条　外商投资职业介绍机构设立分支机构，应当自工商登记办理完毕之日起 15 日内，书面报告劳动保障行政部门”。

（十）将第十三条修改为“第十二条　香港特别行政区、澳门特别行政区投资者在内地以及台湾地区投资者在大陆投资设立职业介绍机构，参照本规定执行。法律法规另有规定的，依照其规定执行。”

同时，将规章中涉及“中外合资人才中介机构”“中外合资中外合作职业介绍机构”的表述均修改为“外商投资人才中介机构”“外商投资职业介绍机构”；对涉及外商投资人才中介机构、外商投资职业介绍机构设立审批、监督管理权限的规定，均由省级劳动人事行政部门调整为县级以上劳动人事行政部门。

此外，对条文顺序和个别文字作相应调整和修改。

本决定自公布之日起施行。

《人才市场管理规定》《中外合资人才中介机构管理暂行规定》《中外合资中外合作职业介绍机构设立管理暂行规定》根据本决定作相应修改，重新公布。

市场监督管理执法监督暂行规定

（2019 年 12 月 31 日国家市场监督管理总局令第 22 号公布　自 2020 年 4 月 1 日起施行　国司备字[2020001421]）

第一条　为了督促市场监督管理部门依法履行职责，规范行政执法行为，保护自然人、法人和其他组织的合法权益，根据有关法律、行政法规，制定本规定。

第二条　本规定所称执法监督，是指上级市场监督管理部门对下级市场监督管理部门，各级市场监督管理部门对本部门所属机构、派出机构和执法人员的行政执法及其相关行为进行的检查、审核、评议、纠正等活动。

市场监督管理部门开展执法监督，适用本规定；法律、法规、规章另有规定的，依照其规定。

第三条　执法监督应当坚持监督执法与促进执法相结合、纠正错误与改进工作相结合的原则，保证法律、法规、规章的正确实施。

第四条　各级市场监督管理部门应当加强对执法监督工作的领导，建立健全执法监督工作机制，统筹解决执法监督工作中的重大问题。

第五条　各级市场监督管理部门内设的各业务机构根据职责分工和相关规定，负责实施本业务领域的执法监督工作。

各级市场监督管理部门法制机构在本级市场监督管理部门领导下，具体负责组织、协调、指导和实施执法监督工作。

第六条　执法监督主要包括下列内容：

（一）依法履行市场监督管理执法职责情况；

（二）行政规范性文件的合法性；

（三）公平竞争审查情况；

（四）行政处罚、行政许可、行政强制等具体行政行为的合法性和适当性；

（五）行政处罚裁量基准制度实施情况；

（六）行政执法公示、执法全过程记录、重大执法决定法制审核制度实施情况；

（七）行政复议、行政诉讼、行政执法与刑事司法衔接等制度落实情况；

（八）行政执法责任制的落实情况；

（九）其他需要监督的内容。

第七条 执法监督主要采取下列方式：

（一）行政规范性文件合法性审核；

（二）公平竞争审查；

（三）行政处罚案件审核、听证；

（四）重大执法决定法制审核；

（五）行政复议；

（六）专项执法检查；

（七）执法评议考核；

（八）执法案卷评查；

（九）法治建设评价；

（十）依法可以采取的其他监督方式。

第八条 本规定第七条第（一）项至第（五）项所规定的执法监督方式，依照法律、法规、规章和有关规定执行。

本规定第七条第（六）项至第（八）项所规定的执法监督方式，由市场监督管理部门内设的各业务机构和法制机构单独或者共同实施。

本规定第七条第（九）项所规定的执法监督方式，由市场监督管理部门法制机构实施。

第九条 市场监督管理部门主要针对下列事项开展专项执法检查：

（一）法律、法规、规章、行政规范性文件的执行情况；

（二）重要执法制度的实施情况；

（三）行政执法中具有普遍性的热点、难点、重点问题；

（四）上级机关和有关部门交办、转办、移送的执法事项；

（五）社会公众反映强烈的执法事项；

（六）其他需要开展专项执法检查的事项。

市场监督管理部门应当加强对专项执法检查的统筹安排，统一制定专项执法检查计划，合理确定专项执法检查事项。

第十条 市场监督管理部门主要针对下列事项开展执法评议考核：

（一）执法主体是否合法；

（二）执法行为是否规范；

（三）执法制度是否健全；

（四）执法效果是否良好；

（五）其他需要评议的事项。

市场监督管理部门开展执法评议考核，应当确定执法评议考核的范围和重点，加强评议考核结果运用，落实评议考核奖惩措施。

第十一条 市场监督管理部门主要针对下列事项开展行政处罚案卷评查：

（一）实施行政处罚的主体是否合法；

（二）认定的事实是否清楚，证据是否确凿；

（三）适用法律依据是否准确；

（四）程序是否合法；

（五）自由裁量权运用是否适当；

（六）涉嫌犯罪的案件是否移送司法机关；

（七）案卷的制作、管理是否规范；

（八）需要评查的其他事项。

市场监督管理部门主要针对下列事项开展行政许可案卷评

查：

（一）实施行政许可的主体是否合法；

（二）行政许可项目是否有法律、法规、规章依据；

（三）申请材料是否齐全、是否符合法定形式；

（四）实质审查是否符合法定要求；

（五）适用法律依据是否准确；

（六）程序是否合法；

（七）案卷的制作、管理是否规范；

（八）需要评查的其他事项。

市场监督管理部门对其他行政执法案卷的评查事项，参照前款规定执行。

第十二条 市场监督管理部门应当根据法治政府建设的部署和要求，对本级和下级市场监督管理部门法治建设情况进行评价。

法治市场监督管理建设评价办法、指标体系和评分标准由国家市场监督管理总局另行制定。

第十三条 市场监督管理部门在开展执法监督时，可以采取下列措施：

（一）查阅、复制、调取行政执法案卷和其他有关材料；

（二）询问行政执法人员、行政相对人和其他相关人员；

（三）召开座谈会、论证会，开展问卷调查，组织第三方评估；

（四）现场检查、网上检查、查看执法业务管理系统；

（五）走访、回访、暗访；

（六）依法可以采取的其他措施。

第十四条 下级市场监督管理部门应当及时向上级市场监督管理部门报送开展执法监督工作的情况及相关数据。

上级市场监督管理部门可以根据工作需要，要求下级市场监督管理部门报送开展执法监督工作的情况及相关数据。

各级市场监督管理部门应当加强执法监督的信息化建设，实现执法监督信息的互通和共享。

第十五条 市场监督管理部门应当对开展执法监督的情况及时进行汇总、分析。相关执法监督情况经本级市场监督管理部门负责人批准后,可以在适当范围内通报。

第十六条 上级市场监督管理部门在执法监督工作中发现下级市场监督管理部门在履行法定执法职责中存在突出问题的,经本级市场监督管理部门负责人批准,可以约谈下级市场监督管理部门负责人。

第十七条 市场监督管理部门发现本部门所属机构、派出机构和执法人员存在不履行、违法履行或者不当履行法定职责情形的,应当及时予以纠正。

第十八条 上级市场监督管理部门发现下级市场监督管理部门及其执法人员可能存在不履行、违法履行或者不当履行法定职责情形的,经本级市场监督管理部门负责人批准,可以发出执法监督通知书,要求提供相关材料或者情况说明。

下级市场监督管理部门收到执法监督通知书后,应当于十个工作日内提供相关材料或者情况说明。

第十九条 上级市场监督管理部门发出执法监督通知书后,经过调查核实,认为下级市场监督管理部门及其执法人员存在不履行、违法履行或者不当履行法定职责情形的,经本级市场监督管理部门负责人批准,可以发出执法监督决定书,要求下级市场监督管理部门限期纠正;必要时可以直接纠正。

下级市场监督管理部门应当在执法监督决定书规定的期限内纠正相关行为,并于纠正后十个工作日内向上级市场监督管理部门报告纠正情况。

第二十条 下级市场监督管理部门对执法监督决定有异议的,可以在五个工作日内申请复查,上级市场监督管理部门应当自收到申请之日起十个工作日内予以复查并答复。

第二十一条 上级市场监督管理部门发现下级市场监督管理部门行政执法工作中存在普遍性问题或者区域性风险,经本级市场监督管理部门负责人批准，可以向下级市场监督管理部门发出执法监督意见书，提出完善制度或者改进工作的要求。

下级市场监督管理部门应当在规定期限内将有关情况报告上级市场监督管理部门。

第二十二条 下级市场监督管理部门不执行执法监督通知书、决定书或者意见书的，上级市场监督管理部门可以责令改正、通报批评，并可以建议有权机关对负有责任的主管人员和相关责任人员予以批评教育、调离执法岗位或者处分。

第二十三条 市场监督管理部门在执法监督中，发现存在不履行、违法履行或者不当履行法定职责情形需要追责问责的，应当根据有关规定处理。

第二十四条 市场监督管理部门应当建立执法容错机制，明确履职标准，完善尽职免责办法。

第二十五条 药品监督管理部门和知识产权行政部门实施执法监督，适用本规定。

第二十六条 本规定自 2020 年 4 月 1 日起施行。2004 年 1 月 18 日原国家质量监督检验检疫总局令第 59 号公布的《质量监督检验检疫行政执法监督与行政执法过错责任追究办法》和 2015 年 9 月 15 日原国家工商行政管理总局令第 78 号公布的《工商行政管理机关执法监督规定》同时废止。

对外援助标识使用管理办法

（2020年1月1日国家国际发展合作署令二〇二〇年第1号公布　自2020年1月1日起施行　国司备字[2020001443]）

第一章　总　　则

第一条　为规范对外援助标识（以下简称援外标识）使用，加强援外标识管理，制定本办法。

第二条　援外标识是中华人民共和国政府对外提供援助的标志。

第三条　本办法所称的援外标识使用人是指使用中国政府对外援助资金承担对外援助项目的公民、法人和其他组织，以及经同意可以使用援外标识的公民、法人和其他组织。

第四条　国家国际发展合作署（以下简称国际发展合作署）负责管理和监督援外标识的使用。

援外执行部门依据各自职能和本办法规定负责组织援外标识使用。

驻外使领馆协助办理与援外标识有关事务，对援外标识使用情况进行监督和检查。

第五条　援外标识可以根据需要与中华人民共和国国旗图案一同使用。国旗图案的印制和使用应当遵守《中华人民共和国国旗法》。

第二章　援外标识的使用范围

第六条　在下列情形下，援外标识使用人应当使用援外标识：

（一）援外成套项目的主体建筑、大型机械设备、开竣工仪式、项目组驻地和项目工地；

（二）援外物资项目提供的物资及其包装；

（三）对外技术援助项目组驻地；

（四）援外人力资源开发合作、志愿者服务等项目的有关活动；

（五）援外医疗队医疗设备和医疗活动；

（六）南南合作援助基金项目合作协议约定使用的情形；

（七）援外优惠贷款项目政府间协议规定使用的情形；

（八）援外项目相关文件和资料，援外人员的工作服装、佩饰和交通工具；

（九）经国际发展合作署同意举办的援外活动；

（十）经国际发展合作署同意印制或出版的援外刊物或其他印刷品和音像制品；

（十一）国际发展合作署认为应当使用援外标识的其他情形。

特殊情形下无法按照本条第一款使用援外标识的，经国际发展合作署同意，可以不使用援外标识。

第七条 经国际发展合作署同意，公民、法人或其他组织可以在相关援外项目及援外活动中使用援外标识。

第八条 援外标识不得用于与对外援助无关的用途。

第三章 援外标识的制作和安装

第九条 援外标识图案和制作说明由国际发展合作署另行公告。

援外标识可按比例放大或缩小，但不得更改援外标识的图案组成、文字字体、图文比例、颜色式样等。

援外标识所附媒介的底色不得影响援外标识的标准颜色式样，不得透叠其他色彩和图案。

第十条 对于成套项目和技术援助项目，援外标识应当安装于醒目位置，所使用的援外标识载体应当采用耐久材料制作，并根据项目具体情况确定标识载体的制作和安装办法。援外标识载体上除标识图案外，还可以包括国旗图案、项目信息等。

第十一条 对于物资项目，援外标识应当印刷、刻制或喷涂于援外物资和包装的明显位置。

对于紧急援助物资或因工艺制作条件所限，无法采用印制、刻制或喷涂方式制作标识的援外物资，可以使用援外标识即时贴。

第十二条 对于除第十条、第十一条外的其他应当或可以使用援外标识的情形，根据项目具体情况确定援外标识的制作和安装办法。

第十三条 国际发展合作署负责以援外标识为图案统一监制援外徽章，供援外人员履行职责时佩戴。援外徽章图案由国际发展合作署另行公告。

第四章 援外标识的管理

第十四条 国际发展合作署在与受援方签署的政府间协议中应当明确援外标识使用条款。

第十五条 除紧急援助项目外，援外项目可行性研究单位负责编制援外标识使用方案，并写入可行性研究成果文件。

国际发展合作署负责审批可行性研究成果文件中的援外标识使用方案。

第十六条 对于无偿援助和无息贷款项目，援外执行部门根据项目具体情况，在项目采购文件中要求编制援外标识制作和安装方案，制作和安装费用纳入项目总报价。

援外执行部门应当在与援外项目实施主体签订的项目实施合同（协议）中明确援外标识使用的具体事宜和权利义务。

第十七条 成套项目项目管理企业或工程总承包企业应当在进行深化设计和施工详图设计时编制援外标识制作和安装方案。

项目管理企业应当在深化设计和施工详图设计自查或审查时一并审查援外标识的制作和安装方案，监督工程总承包企业据此组织实施。

工程总承包企业应当根据施工详图设计要求制作和安装援外标识，并按照项目实施合同使用援外标识。

竣工验收单位应当将援外标识制作和安装纳入检查范围。

第十八条 物资项目总承包企业负责制作和安装援外标识，并按照项目实施合同在物资生产、包装、组货、移交等阶段使用援外标识。

第十九条 技术援助项目实施单位负责制作和安装援外标识，并按照项目实施合同使用援外标识。

第二十条 援外人力资源开发合作项目实施单位负责制作和安装援外标识，并按规定使用援外标识。

第二十一条 南南合作援助基金项目合作方应按照项目合作协议约定使用援外标识。

第二十二条 援外医疗队项目实施单位负责制作和安装援外标识，并按规定使用援外标识。

第二十三条 对于援外优惠贷款项目，项目实施主体应当按照国际发展合作署批准的援外标识使用方案制作和安装援外标识，并按政府间协议规定使用援外标识。

第二十四条 其他类型的援外项目及使用援外标识的其他情形，援外标识使用人应当按照国际发展合作署批准的援外标识使用方案制作和安装援外标识，并按规定使用援外标识。

第五章 援外标识使用人的义务

第二十五条 援外标识使用人在使用援外标识的过程中应按照有关规定实施项目和使用标识，维护良好的国家形象和公益形象。

第二十六条 援外标识使用人只能在承担的援外项目或援外活动中使用援外标识。援外项目对外移交或援外活动结束后，援外标识使用人使用援外标识的权利自然终止。

第二十七条 未经国际发展合作署同意，援外标识使用人不得将使用援外标识的权利全部或部分转让或委托给其他公民、法人或其他组织行使。

第六章 法律责任

第二十八条 援外标识使用人违反本办法的，由国际发展合作署责令其限期改正。

第二十九条 援外标识使用人有下列行为之一的，国际发展合作署给予警告，可以并处三万元人民币以下罚款，并应当依法公布处罚决定；违反相关法律、行政法规规定的，依照法律、行政法规的规定给予行政处罚；构成犯罪的，依法追究刑事责任：

（一）污损或侮辱援外标识的；

（二）未经同意，擅自使用或允许他人使用援外标识的；

（三）将援外标识用于与对外援助无关活动的；

（四）所承担的援外项目对外移交后或援外活动结束后仍使用援外标识的；

（五）应当使用援外标识而未使用，责令限期改正，逾期未改正的。

第七章 附 则

第三十条 本办法由国际发展合作署负责解释。

第三十一条 本办法自2020年1月1日起施行。商务部《对外援助标识使用管理办法（试行）》（商务部2016年第1号令）同时废止。

邮政业寄递安全监督管理办法

（2020 年 1 月 2 日交通运输部令 2020 年第 1 号公布
自 2020 年 2 月 15 日起施行　国司备字［2020001394］）

第一条　为加强邮政业寄递安全管理，维护邮政通信与信息安全，保障从业人员、用户人身和财产安全，促进邮政业持续健康发展，根据《中华人民共和国邮政法》《快递暂行条例》等法律、行政法规，制定本办法。

第二条　在中华人民共和国境内经营邮政业务、快递业务，接受邮政服务、快递服务以及对邮政业寄递安全实施监督管理，适用本办法。

第三条　国务院邮政管理部门和省、自治区、直辖市邮政管理机构以及按照国务院规定设立的省级以下邮政管理机构（以下统称邮政管理部门）负责邮政业寄递安全监督管理工作。

第四条　邮政管理部门应当与有关部门相互配合，健全安全保障机制，加强对邮政业寄递安全的监督管理。

第五条　邮政企业、快递企业应当遵守国家有关安全管理的规定，不得危害国家安全、社会公共利益或者他人合法权益。

第六条　使用统一的商标、字号或者快递运单经营快递业务的，商标、字号或者快递运单所属企业应当对使用其商标、字号或者快递运单的企业的安全保障实行统一管理，监督使用其商标、字号或者快递运单的企业执行邮政业安全管理制度。

第七条　用户交寄邮件、快件应当遵守国家关于禁止寄递或者限制寄递物品的规定，不得利用邮件、快件危害国家安全、社会公共利益或者他人合法权益。

第八条　任何单位或者个人不得冒领、私自开拆、隐匿、毁弃、倒卖或者非法检查、非法扣留他人邮件、快件，不得损毁邮政设施、快递设施或者影响设施的正常使用。

第九条 交寄、收寄邮件、快件,应当遵守实名收寄管理制度。

第十条 邮政企业、快递企业应当依法验视用户交寄的物品是否属于禁止寄递或者限制寄递的物品,核对物品的名称、性质、数量等是否与寄递详情单显示或者关联的信息一致;予以收寄的,应当按照国务院邮政管理部门的规定作出验视标识。

按照国家规定需要用户提供有关书面凭证的,邮政企业、快递企业应当要求用户提供凭证原件,核对无误后,方可收寄。

第十一条 邮政企业、快递企业在收寄过程中发现禁止寄递物品的,应当拒绝收寄;发现已经收寄的邮件、快件中有疑似禁止寄递物品的,应当立即停止分拣、运输、投递。对邮件、快件中依法应当没收、销毁或者可能涉及违法犯罪的物品,应当立即向有关部门报告,并配合调查处理;对其他禁止寄递物品、限制寄递物品或者一同查处的禁止寄递物品之外的物品,邮政企业、快递企业应当通知寄件人或者收件人,并依法妥善处理。

第十二条 邮政企业、快递企业应当按照国务院邮政管理部门的规定对邮件、快件进行安全检查,并对经过安全检查的邮件、快件作出安全检查标识。委托第三方企业对邮件、快件进行安全检查的,不免除邮政企业、快递企业对邮件、快件安全承担的责任。

邮政企业、快递企业或者接受委托的第三方企业应当使用符合强制性国家标准的安全检查设备,并加强对安全检查人员的背景审查和技术培训,确保其具备安全检查所必须的知识和技能。

第十三条 邮政企业委托其他单位代办邮政服务的,或者经营快递业务的企业及其分支机构与其他单位、个人合作开办末端网点的,应当对收寄、投递邮件、快件的人员进行岗位安全操作规程和安全操作技能的教育和培训。

第十四条 邮政企业、快递企业应当依法向从业人员提供符合相关国家标准或者行业标准的劳动防护用品,为从业人员参加工伤保险。

第十五条 邮政企业、快递企业向寄件人长期、批量提供寄递服务的，应当与寄件人签订安全协议，明确自身与签订安全协议的寄件人（以下简称协议用户）的安全保障义务。

邮政企业、快递企业发现用户生产、销售的产品属于禁止寄递物品的，不得将其作为协议用户提供寄递服务。

第十六条 邮政企业、快递企业和用户应当依照法律、行政法规的规定，防止邮件、快件过度包装，减少包装废弃物。

鼓励邮政企业、快递企业采取措施回收邮件、快件包装材料，实现包装材料的减量化利用和再利用。

第十七条 邮政企业、快递企业应当使用环保材料对邮件、快件进行包装。

第十八条 邮件、快件塑料包装袋、普通胶带中的铅、汞、镉、铬总量以及邮件、快件塑料包装袋中的苯类溶剂残留应当符合国家规定。

第十九条 协议用户提供邮件、快件封装用品和胶带的，邮政企业、快递企业应当向其书面告知，所提供的封装用品和胶带应当符合国家规定。

第二十条 邮政企业、快递企业不得使用有毒物质作为邮件、快件填充材料。

第二十一条 邮政企业、快递企业应当对其提供寄递服务的营业场所、处理场所，包括其开办的快递末端网点、设置的智能快件箱进行全天候视频监控。其中，营业场所、快递末端网点、智能快件箱的视频监控设备应当全面覆盖，处理场所的视频监控设备应当覆盖各出入口、主要生产作业区域。

邮政企业、快递企业保存监控资料的时间不得少于30日。其中，营业场所交寄、接收、验视、安检、提取区域以及智能快件箱放置区域的监控资料保存时间不得少于90日。

邮政企业、快递企业应当按照邮政管理部门的要求报送监控资料。

第二十二条 邮政企业、快递企业应当按照国家网络安全等级保护制度的要求，履行下列安全保护义务，保障其网络免受干扰、破坏或者未经授权的访问，防止网络数据泄露或者被窃取、篡改：

（一）制定内部安全管理制度和操作规程，确定网络安全负责人，落实网络安全保护责任；

（二）采取防范计算机病毒和网络攻击、网络侵入等危害网络安全行为的技术措施；

（三）采取监测、记录网络运行状态、网络安全事件的技术措施，并按照规定留存相关的网络日志不少于6个月；

（四）采取数据分类、重要数据备份和加密等措施；

（五）法律、行政法规规定的其他义务。

第二十三条 邮政企业、快递企业应当建立寄递详情单及电子数据管理制度，定期销毁已经使用过的寄递详情单，妥善保管用户信息等电子数据，采取有效手段保证用户信息安全。

第二十四条 未经法律明确授权或者用户书面同意，邮政企业、快递企业及其从业人员不得将用户身份信息以及用户使用邮政服务、快递服务的信息提供给任何单位或者个人。

发生或者可能发生用户信息泄露、丢失等情况时，邮政企业、快递企业应当立即采取补救措施，并向事件所在地邮政管理部门报告，配合有关部门进行调查处理。

第二十五条 邮政企业、快递企业应当按照邮政管理部门的规定预留安全监管数据接口，收集、分析与寄递安全有关的信息，确保数据真实、完整，并按时向邮政管理部门报送。

第二十六条 国务院邮政管理部门应当加强应急管理体系建设，制定国家邮政业突发事件应急预案，建立突发事件预防、监测、预警、信息报告、应急处置等工作机制。

省、自治区、直辖市邮政管理机构和省级以下邮政管理机构应当根据有关法律、法规、规章以及国家邮政业突发事件应急预案等，结合本地区的实际情况，制定突发事件应急预案。

邮政管理部门应当根据邮政业应急管理的实际需要和情势变化，适时评估、修订突发事件应急预案。

第二十七条 鼓励邮政企业、快递企业建立应急救援队伍，预防与处置突发事件。

第二十八条 发生自然灾害、事故灾难、公共卫生事件、社会安全事件等，邮政企业、快递企业应当根据法律、法规、规章以及国家邮政业突发事件应急预案，按照事件类型及分级，在规定时间内报告事件发生地省级以下邮政管理机构和负有相关职责的部门，同时对事件进行先行处置，控制事态发展。

第二十九条 事件发生地省级以下邮政管理机构接到突发事件报告后，依法启动应急预案，采取应急措施。

第三十条 邮政管理部门应当妥善处置邮政业突发事件，查明事件原因和责任，提出整改措施，并依法对有违法行为的责任人作出处理。涉及其他部门管理职权的，应当联合有关部门共同处理。

第三十一条 邮政管理部门应当加强邮政业安全运行的监测预警，建立安全信息管理体系，收集、分析与邮政业安全运行有关的信息，并依照法律、行政法规等规定，与有关部门共享与安全运行有关的信息。

第三十二条 邮政管理部门应当加强对邮政企业、快递企业建立健全和执行寄递安全制度、应急管理制度等情况以及安全生产行为的监督检查。建立和完善以随机抽查为重点的日常监督检查制度，建立随机抽查事项清单，公布抽查的安全事项目录，明确抽查的依据、频次、方式、内容和程序，随机抽取被检查企业，随机选派检查人员，建立检查对象名录库和执法检查人员名录库。抽查情况和查处结果依法向社会公布。

第三十三条 邮政管理部门可以依照《中华人民共和国行政处罚法》的规定，委托依法成立并符合法定条件的管理公共事务的事业组织实施邮政行政处罚相关工作。

邮政管理部门可以委托符合法定条件的专业技术组织检验、检测邮件快件的处理设施、处理设备、封装用品、填充材料等邮政业用品用具。

第三十四条 邮政安全监督检查人员应当将检查的时间、地点、内容、发现的问题及其处理情况作出书面记录，并由监督检查人员和被检查单位的负责人签字；被检查单位负责人拒绝签字的，监督检查人员应当将情况记录在案，并向邮政管理部门报告。

第三十五条 邮政企业、快递企业应当配合邮政管理部门的安全监督检查，不得拒绝、阻碍。

第三十六条 邮政管理部门应当记录邮政企业、快递企业违法失信行为信息，并纳入邮政业信用管理，依法实施联合惩戒措施。

邮政管理部门依法通报邮政企业、快递企业违反安全监管有关规定、发生安全事件以及对有关责任人员进行处理的情况。对违法行为情节严重的单位，应当依法向社会公告，并通报有关部门和机构。

第三十七条 邮政企业、快递企业违反本办法第十条第一款、第十二条第一款规定，未按照国务院邮政管理部门的规定作出收寄验视标识、安全检查标识的，由邮政管理部门责令限期改正；逾期未改正的，处5000元以下的罚款。

第三十八条 邮政企业、快递企业违反本办法第十八条、第二十条规定，使用塑料包装袋、普通胶带不符合国家规定，或者使用有毒物质作为邮件、快件填充材料的，由邮政管理部门责令限期改正；逾期未改正的，处5000元以上1万元以下的罚款。

第三十九条 邮政企业、快递企业违反本办法第十九条规定，未向协议用户书面告知对封装用品和胶带的要求的，由邮政管理部门责令限期改正，可以处5000元以下的罚款。

第四十条 邮政企业、快递企业违反本办法第二十一条第一款、第二款规定，未对其提供寄递服务的营业场所、处理场所、快递末端网点、设置的智能快件箱在规定的覆盖范围内进行全天候视频监控或者保存监控资料不符合规定期限的，由邮政管理部门责令限期改正；逾期未改正的，处 1 万元以下的罚款。

第四十一条 邮政企业、快递企业违反本办法第二十一条第三款、第二十五条规定，未按照要求报送资料、信息、数据的，由邮政管理部门责令限期改正；逾期未改正的，处 3000 元以下的罚款。

第四十二条 国家关于机要通信安全监督管理另有规定的，适用其规定。

第四十三条 本办法自 2020 年 2 月 15 日起施行。交通运输部于 2011 年 1 月 4 日以交通运输部令 2011 年第 2 号公布、2013 年 4 月 12 日以交通运输部令 2013 年第 6 号修改的《邮政行业安全监督管理办法》同时废止。

食盐质量安全监督管理办法

（2020 年 1 月 2 日国家市场监督管理总局令第 23 号公布 自 2020 年 3 月 1 日起施行 国司备字[2020001435]）

第一条 为加强食盐质量安全监督管理，保障公众身体健康和生命安全，根据《中华人民共和国食品安全法》《中华人民共和国食品安全法实施条例》《食盐专营办法》等法律法规，制定本办法。

第二条 在中华人民共和国境内从事食盐生产经营活动，开展食盐质量安全监督管理，适用本办法。

第三条 国家市场监督管理总局负责全国食盐质量安全监督管理。

县级以上地方市场监督管理部门依据法定职责负责本行政区域内的食盐质量安全监督管理。

第四条 食盐生产经营者应当依照法律、法规、规章和食品安全标准从事生产经营活动,对食盐的质量安全负责。

第五条 依法成立的食盐行业组织应当加强行业自律,引导和督促食盐生产经营者依法生产经营,推动行业诚信建设,宣传、普及食盐质量安全知识。

第六条 从事食盐生产活动,应当依照《食品生产许可管理办法》的规定,取得食品生产许可。食盐的食品生产许可由省、自治区、直辖市市场监督管理部门负责。

从事食盐批发、零售活动,应当依照《食品经营许可管理办法》的规定,取得食品经营许可。

第七条 食盐生产经营者应当保证其生产经营的食盐符合法律、法规、规章和食品安全标准的规定。

食盐生产企业应当按照食品安全国家标准使用食品添加剂,不得超过食品安全国家标准规定的使用范围和限量。

食盐的贮存、运输,应当符合食品安全的要求。

第八条 食盐生产经营禁止下列行为:

(一)将液体盐(含天然卤水)作为食盐销售;

(二)将工业用盐和其他非食用盐作为食盐销售;

(三)将利用盐土、硝土或者工业废渣、废液制作的盐作为食盐销售;

(四)利用井矿盐卤水熬制食盐,或者将利用井矿盐卤水熬制的盐作为食盐销售;

(五)生产经营掺假掺杂、混有异物的食盐;

(六)生产经营其他不符合法律、法规、规章和食品安全标准的食盐。

禁止食盐零售单位销售散装食盐,禁止餐饮服务提供者采购、贮存、使用散装食盐。

第九条 食盐的包装上应当有标签。禁止销售无标签或者标签不符合法律、法规、规章和食品安全标准规定的食盐。

加碘食盐应当有明显标识并标明碘的含量。

未加碘食盐的标签应当在显著位置标注“未加碘”字样。

第十条 食盐生产经营企业应当建立健全并落实食品安全管理制度，实施生产经营过程控制要求，依法配备食品安全管理人员，落实食品安全责任。

第十一条 食盐生产经营者应当建立食盐质量安全追溯体系，落实生产销售全程记录制度，依照食品安全法的规定如实记录并保存进货查验、出厂检验、食盐销售等信息，保证食盐质量安全可追溯。记录和凭证保存期限不得少于产品保质期满后六个月；没有明确保质期的，保存期限不得少于二年。

鼓励食盐生产经营者采用信息化手段采集、留存生产经营信息。

第十二条 食盐生产经营者应当建立食品安全自查制度，定期对食盐质量安全状况进行检查评价。生产经营条件发生变化，不再符合食品安全要求的，食盐生产经营者应当立即采取整改措施；有发生食品安全事故潜在风险的，应当立即停止食盐生产经营活动，并向所在地县级市场监督管理部门报告。

第十三条 食盐生产经营者发现其生产经营的食盐不符合食品安全标准或者有证据证明可能危害人体健康的，应当立即停止生产经营，依法实施召回。

食盐生产经营者未主动履行前款规定义务的，县级以上市场监督管理部门可以责令其召回或者停止经营。

食盐生产经营者应当依法对召回的食盐采取无害化处理、销毁等措施，防止其再次流入市场。

第十四条 食盐生产和批发企业应当建立食品安全应急管理和突发事故报告制度，成立应急处置机构，制定应急处置方案，定期检查本企业各项防范措施的落实情况，及时消除食品安全隐患。

第十五条 县级以上市场监督管理部门应当按照食品安全风险管理的要求，加强食盐质量安全监督管理，增加对食盐质量安全抽样检验的频次，并将本行政区域内的食盐生产企业、食盐批发企业作为监督检查的重点。

第十六条 县级以上市场监督管理部门在监督检查、风险监测、抽样检验、案件查处等工作中,发现食盐质量安全隐患的,应当依法采取有效措施,预防和控制食盐质量安全风险。

第十七条 发生食盐质量安全事故,食盐生产经营者应当立即采取措施,防止事故扩大,按照规定及时报告,不得对事故隐瞒、谎报、缓报,不得隐匿、伪造、毁灭有关证据。

发生食盐质量安全事故,县级以上市场监督管理部门应当按照食品安全事故应急预案的规定报告,并立即会同相关部门进行调查处理,采取应急救援等措施,防止或者减轻社会危害。

第十八条 县级以上市场监督管理部门应当按照规定及时做好信息公布工作,及时准确公布食盐监督检查、抽样检验、案件查处等信息。

县级以上市场监督管理部门发现可能误导消费者和社会舆论的食盐质量安全信息,应当立即组织有关部门、专业机构、相关食盐生产经营者等进行核实、分析,并及时公布结果。

第十九条 违法生产经营食盐涉嫌犯罪的,县级以上市场监督管理部门应当按照有关规定及时将案件移送公安机关。

第二十条 食盐生产经营的违法行为,食品安全法及其实施条例等法律法规已有规定的,依照其规定。

第二十一条 违反本办法第六条,未取得食品生产经营许可从事食盐生产经营活动的,由县级以上市场监督管理部门依照食品安全法第一百二十二条的规定处罚。

第二十二条 违反本办法第八条第一款第一项至第四项的禁止性规定生产经营食盐的,由县级以上市场监督管理部门依照食品安全法第一百二十三条第一款的规定处罚。

第二十三条 违反本办法第八条第一款第五项,生产经营掺假掺杂、混有异物的食盐,由县级以上市场监督管理部门依照食品安全法第一百二十四条第一款的规定处罚。

第二十四条　违反本办法第八条第二款，食盐零售单位销售散装食盐，或者餐饮服务提供者采购、贮存、使用散装食盐的，由县级以上市场监督管理部门责令改正；拒不改正的，给予警告，并处5000元以上3万元以下罚款。

第二十五条　违反本办法第九条第一款、第二款，生产经营无标签或者标签不符合法律、法规、规章和食品安全标准规定的食盐的，或者加碘食盐的标签未标明碘的含量的，由县级以上市场监督管理部门依照食品安全法第一百二十五条第一款的规定处罚。

违反本办法第九条第三款，未加碘食盐的标签未在显著位置标注“未加碘”字样的，由县级以上市场监督管理部门责令改正；拒不改正的，给予警告，并处5000元以上3万元以下罚款。

第二十六条　县级以上市场监督管理部门应当依法将食盐生产经营者受到的行政处罚等信息归集至国家企业信用信息公示系统，记于食品生产经营者名下并向社会公示。对存在严重违法失信行为的，依法实施联合惩戒。

第二十七条　市场监督管理部门及其工作人员有违反法律、法规以及本办法规定和有关纪律要求的，应当依据食品安全法和相关规定，对直接负责的主管人员和其他直接责任人员，给予相应的处分。

第二十八条　本办法所称食盐，是指直接食用和制作食品所用的盐。

第二十九条　本办法自2020年3月1日起施行。

食品生产许可管理办法

（2020年1月2日国家市场监督管理总局令第24号公布　自2020年3月1日起施行　国司备字［2020001436］）

第一章　总　　则

第一条　为规范食品、食品添加剂生产许可活动，加强食品生产监督管理，保障食品安全，根据《中华人民共和国行政许可法》《中华人民共和国食品安全法》《中华人民共和国食品安全法实施条例》等法律法规，制定本办法。

第二条　在中华人民共和国境内，从事食品生产活动，应当依法取得食品生产许可。

食品生产许可的申请、受理、审查、决定及其监督检查，适用本办法。

第三条　食品生产许可应当遵循依法、公开、公平、公正、便民、高效的原则。

第四条　食品生产许可实行一企一证原则，即同一个食品生产者从事食品生产活动，应当取得一个食品生产许可证。

第五条　市场监督管理部门按照食品的风险程度，结合食品原料、生产工艺等因素，对食品生产实施分类许可。

第六条　国家市场监督管理总局负责监督指导全国食品生产许可管理工作。

县级以上地方市场监督管理部门负责本行政区域内的食品生产许可监督管理工作。

第七条　省、自治区、直辖市市场监督管理部门可以根据食品类别和食品安全风险状况，确定市、县级市场监督管理部门的食品生产许可管理权限。

保健食品、特殊医学用途配方食品、婴幼儿配方食品、婴幼儿辅助食品、食盐等食品的生产许可,由省、自治区、直辖市市场监督管理部门负责。

第八条 国家市场监督管理总局负责制定食品生产许可审查通则和细则。

省、自治区、直辖市市场监督管理部门可以根据本行政区域食品生产许可审查工作的需要,对地方特色食品制定食品生产许可审查细则,在本行政区域内实施,并向国家市场监督管理总局报告。国家市场监督管理总局制定公布相关食品生产许可审查细则后,地方特色食品生产许可审查细则自行废止。

县级以上地方市场监督管理部门实施食品生产许可审查,应当遵守食品生产许可审查通则和细则。

第九条 县级以上地方市场监督管理部门应当加快信息化建设,推进许可申请、受理、审查、发证、查询等全流程网上办理,并在行政机关的网站上公布生产许可事项,提高办事效率。

第二章 申请与受理

第十条 申请食品生产许可,应当先行取得营业执照等合法主体资格。

企业法人、合伙企业、个人独资企业、个体工商户、农民专业合作组织等,以营业执照载明的主体作为申请人。

第十一条 申请食品生产许可,应当按照以下食品类别提出:粮食加工品,食用油、油脂及其制品,调味品,肉制品,乳制品,饮料,方便食品,饼干,罐头,冷冻饮品,速冻食品,薯类和膨化食品,糖果制品,茶叶及相关制品,酒类,蔬菜制品,水果制品,炒货食品及坚果制品,蛋制品,可可及焙烤咖啡产品,食糖,水产制品,淀粉及淀粉制品,糕点,豆制品,蜂产品,保健食品,特殊医学用途配方食品,婴幼儿配方食品,特殊膳食食品,其他食品等。

国家市场监督管理总局可以根据监督管理工作需要对食品类别进行调整。

第十二条 申请食品生产许可,应当符合下列条件:

(一)具有与生产的食品品种、数量相适应的食品原料处理和食品加工、包装、贮存等场所,保持该场所环境整洁,并与有毒、有害场所以及其他污染源保持规定的距离;

(二)具有与生产的食品品种、数量相适应的生产设备或者设施,有相应的消毒、更衣、盥洗、采光、照明、通风、防腐、防尘、防蝇、防鼠、防虫、洗涤以及处理废水、存放垃圾和废弃物的设备或者设施;保健食品生产工艺有原料提取、纯化等前处理工序的,需要具备与生产的品种、数量相适应的原料前处理设备或者设施;

(三)有专职或者兼职的食品安全专业技术人员、食品安全管理人员和保证食品安全的规章制度;

(四)具有合理的设备布局和工艺流程,防止待加工食品与直接入口食品、原料与成品交叉污染,避免食品接触有毒物、不洁物;

(五)法律、法规规定的其他条件。

第十三条 申请食品生产许可,应当向申请人所在地县级以上地方市场监督管理部门提交下列材料:

(一)食品生产许可申请书;

(二)食品生产设备布局图和食品生产工艺流程图;

(三)食品生产主要设备、设施清单;

(四)专职或者兼职的食品安全专业技术人员、食品安全管理人员信息和食品安全管理制度。

第十四条 申请保健食品、特殊医学用途配方食品、婴幼儿配方食品等特殊食品的生产许可,还应当提交与所生产食品相适应的生产质量管理体系文件以及相关注册和备案文件。

第十五条 从事食品添加剂生产活动,应当依法取得食品添加剂生产许可。

申请食品添加剂生产许可,应当具备与所生产食品添加剂品种相适应的场所、生产设备或者设施、食品安全管理人员、专业技术人员和管理制度。

第十六条 申请食品添加剂生产许可,应当向申请人所在地县级以上地方市场监督管理部门提交下列材料:

(一)食品添加剂生产许可申请书;

(二)食品添加剂生产设备布局图和生产工艺流程图;

(三)食品添加剂生产主要设备、设施清单;

(四)专职或者兼职的食品安全专业技术人员、食品安全管理人员信息和食品安全管理制度。

第十七条 申请人应当如实向市场监督管理部门提交有关材料和反映真实情况,对申请材料的真实性负责,并在申请书等材料上签名或者盖章。

第十八条 申请人申请生产多个类别食品的,由申请人按照省级市场监督管理部门确定的食品生产许可管理权限,自主选择其中一个受理部门提交申请材料。受理部门应当及时告知有相应审批权限的市场监督管理部门,组织联合审查。

第十九条 县级以上地方市场监督管理部门对申请人提出的食品生产许可申请,应当根据下列情况分别作出处理:

(一)申请事项依法不需要取得食品生产许可的,应当即时告知申请人不受理;

(二)申请事项依法不属于市场监督管理部门职权范围的,应当即时作出不予受理的决定,并告知申请人向有关行政机关申请;

(三)申请材料存在可以当场更正的错误的,应当允许申请人当场更正,由申请人在更正处签名或者盖章,注明更正日期;

(四)申请材料不齐全或者不符合法定形式的,应当当场或者在5个工作日内一次告知申请人需要补正的全部内容。当场告知的,应当将申请材料退回申请人;在5个工作日内告知的,应当收取申请材料并出具收到申请材料的凭据。逾期不告知的,自收到申请材料之日起即为受理;

（五）申请材料齐全、符合法定形式，或者申请人按照要求提交全部补正材料的，应当受理食品生产许可申请。

第二十条 县级以上地方市场监督管理部门对申请人提出的申请决定予以受理的，应当出具受理通知书；决定不予受理的，应当出具不予受理通知书，说明不予受理的理由，并告知申请人依法享有申请行政复议或者提起行政诉讼的权利。

第三章 审查与决定

第二十一条 县级以上地方市场监督管理部门应当对申请人提交的申请材料进行审查。需要对申请材料的实质内容进行核实的，应当进行现场核查。

市场监督管理部门开展食品生产许可现场核查时，应当按照申请材料进行核查。对首次申请许可或者增加食品类别的变更许可的，根据食品生产工艺流程等要求，核查试制食品的检验报告。开展食品添加剂生产许可现场核查时，可以根据食品添加剂品种特点，核查试制食品添加剂的检验报告和复配食品添加剂配方等。试制食品检验可以由生产者自行检验，或者委托有资质的食品检验机构检验。

现场核查应当由食品安全监管人员进行，根据需要可以聘请专业技术人员作为核查人员参加现场核查。核查人员不得少于2人。核查人员应当出示有效证件，填写食品生产许可现场核查表，制作现场核查记录，经申请人核对无误后，由核查人员和申请人在核查表和记录上签名或者盖章。申请人拒绝签名或者盖章的，核查人员应当注明情况。

申请保健食品、特殊医学用途配方食品、婴幼儿配方乳粉生产许可，在产品注册或者产品配方注册时经过现场核查的项目，可以不再重复进行现场核查。

市场监督管理部门可以委托下级市场监督管理部门，对受理的食品生产许可申请进行现场核查。特殊食品生产许可的现场核查原则上不得委托下级市场监督管理部门实施。

核查人员应当自接受现场核查任务之日起5个工作日内,完成对生产场所的现场核查。

第二十二条 除可以当场作出行政许可决定的外,县级以上地方市场监督管理部门应当自受理申请之日起10个工作日内作出是否准予行政许可的决定。因特殊原因需要延长期限的,经本行政机关负责人批准,可以延长5个工作日,并应当将延长期限的理由告知申请人。

第二十三条 县级以上地方市场监督管理部门应当根据申请材料审查和现场核查等情况,对符合条件的,作出准予生产许可的决定,并自作出决定之日起5个工作日内向申请人颁发食品生产许可证;对不符合条件的,应当及时作出不予许可的书面决定并说明理由,同时告知申请人依法享有申请行政复议或者提起行政诉讼的权利。

第二十四条 食品添加剂生产许可申请符合条件的,由申请人所在地县级以上地方市场监督管理部门依法颁发食品生产许可证,并标注食品添加剂。

第二十五条 食品生产许可证发证日期为许可决定作出的日期,有效期为5年。

第二十六条 县级以上地方市场监督管理部门认为食品生产许可申请涉及公共利益的重大事项,需要听证的,应当向社会公告并举行听证。

第二十七条 食品生产许可直接涉及申请人与他人之间重大利益关系的,县级以上地方市场监督管理部门在作出行政许可决定前,应当告知申请人、利害关系人享有要求听证的权利。

申请人、利害关系人在被告知听证权利之日起5个工作日内提出听证申请的,市场监督管理部门应当在20个工作日内组织听证。听证期限不计算在行政许可审查期限之内。

第四章　许可证管理

第二十八条　食品生产许可证分为正本、副本。正本、副本具有同等法律效力。

国家市场监督管理总局负责制定食品生产许可证式样。省、自治区、直辖市市场监督管理部门负责本行政区域食品生产许可证的印制、发放等管理工作。

第二十九条　食品生产许可证应当载明：生产者名称、社会信用代码、法定代表人（负责人）、住所、生产地址、食品类别、许可证编号、有效期、发证机关、发证日期和二维码。

副本还应当载明食品明细。生产保健食品、特殊医学用途配方食品、婴幼儿配方食品的，还应当载明产品或者产品配方的注册号或者备案登记号；接受委托生产保健食品的，还应当载明委托企业名称及住所等相关信息。

第三十条　食品生产许可证编号由SC（“生产”的汉语拼音字母缩写）和14位阿拉伯数字组成。数字从左至右依次为：3位食品类别编码、2位省（自治区、直辖市）代码、2位市（地）代码、2位县（区）代码、4位顺序码、1位校验码。

第三十一条　食品生产者应当妥善保管食品生产许可证，不得伪造、涂改、倒卖、出租、出借、转让。

食品生产者应当在生产场所的显著位置悬挂或者摆放食品生产许可证正本。

第五章　变更、延续与注销

第三十二条　食品生产许可证有效期内，食品生产者名称、现有设备布局和工艺流程、主要生产设备设施、食品类别等事项发生变化，需要变更食品生产许可证载明的许可事项的，食品生产者应当在变化后10个工作日内向原发证的市场监督管理部门提出变更申请。

食品生产者的生产场所迁址的,应当重新申请食品生产许可。

食品生产许可证副本载明的同一食品类别内的事项发生变化的,食品生产者应当在变化后10个工作日内向原发证的市场监督管理部门报告。

食品生产者的生产条件发生变化,不再符合食品生产要求,需要重新办理许可手续的,应当依法办理。

第三十三条 申请变更食品生产许可的,应当提交下列申请材料:

(一)食品生产许可变更申请书;

(二)与变更食品生产许可事项有关的其他材料。

第三十四条 食品生产者需要延续依法取得的食品生产许可的有效期的,应当在该食品生产许可有效期届满30个工作日前,向原发证的市场监督管理部门提出申请。

第三十五条 食品生产者申请延续食品生产许可,应当提交下列材料:

(一)食品生产许可延续申请书;

(二)与延续食品生产许可事项有关的其他材料。

保健食品、特殊医学用途配方食品、婴幼儿配方食品的生产企业申请延续食品生产许可的,还应当提供生产质量管理体系运行情况的自查报告。

第三十六条 县级以上地方市场监督管理部门应当根据被许可人的延续申请,在该食品生产许可有效期届满前作出是否准予延续的决定。

第三十七条 县级以上地方市场监督管理部门应当对变更或者延续食品生产许可的申请材料进行审查,并按照本办法第二十一条的规定实施现场核查。

申请人声明生产条件未发生变化的,县级以上地方市场监督管理部门可以不再进行现场核查。

申请人的生产条件及周边环境发生变化，可能影响食品安全的，市场监督管理部门应当就变化情况进行现场核查。

保健食品、特殊医学用途配方食品、婴幼儿配方食品注册或者备案的生产工艺发生变化的，应当先办理注册或者备案变更手续。

第三十八条 市场监督管理部门决定准予变更的，应当向申请人颁发新的食品生产许可证。食品生产许可证编号不变，发证日期为市场监督管理部门作出变更许可决定的日期，有效期与原证书一致。但是，对因迁址等原因而进行全面现场核查的，其换发的食品生产许可证有效期自发证之日起计算。

因食品安全国家标准发生重大变化，国家和省级市场监督管理部门决定组织重新核查而换发的食品生产许可证，其发证日期以重新批准日期为准，有效期自重新发证之日起计算。

第三十九条 市场监督管理部门决定准予延续的，应当向申请人颁发新的食品生产许可证，许可证编号不变，有效期自市场监督管理部门作出延续许可决定之日起计算。

不符合许可条件的，市场监督管理部门应当作出不予延续食品生产许可的书面决定，并说明理由。

第四十条 食品生产者终止食品生产，食品生产许可被撤回、撤销，应当在20个工作日内向原发证的市场监督管理部门申请办理注销手续。

食品生产者申请注销食品生产许可的，应当向原发证的市场监督管理部门提交食品生产许可注销申请书。

食品生产许可被注销的，许可证编号不得再次使用。

第四十一条 有下列情形之一，食品生产者未按规定申请办理注销手续的，原发证的市场监督管理部门应当依法办理食品生产许可注销手续，并在网站进行公示：

（一）食品生产许可有效期届满未申请延续的；

（二）食品生产者主体资格依法终止的；

（三）食品生产许可依法被撤回、撤销或者食品生产许可证依法被吊销的；

（四）因不可抗力导致食品生产许可事项无法实施的；

（五）法律法规规定的应当注销食品生产许可的其他情形。

第四十二条 食品生产许可证变更、延续与注销的有关程序参照本办法第二章、第三章的有关规定执行。

第六章 监督检查

第四十三条 县级以上地方市场监督管理部门应当依据法律法规规定的职责，对食品生产者的许可事项进行监督检查。

第四十四条 县级以上地方市场监督管理部门应当建立食品许可管理信息平台，便于公民、法人和其他社会组织查询。

县级以上地方市场监督管理部门应当将食品生产许可颁发、许可事项检查、日常监督检查、许可违法行为查处等情况记入食品生产者食品安全信用档案，并通过国家企业信用信息公示系统向社会公示；对有不良信用记录的食品生产者应当增加监督检查频次。

第四十五条 县级以上地方市场监督管理部门及其工作人员履行食品生产许可管理职责，应当自觉接受食品生产者和社会监督。

接到有关工作人员在食品生产许可管理过程中存在违法行为的举报，市场监督管理部门应当及时进行调查核实。情况属实的，应当立即纠正。

第四十六条 县级以上地方市场监督管理部门应当建立食品生产许可档案管理制度，将办理食品生产许可的有关材料、发证情况及时归档。

第四十七条 国家市场监督管理总局可以定期或者不定期组织对全国食品生产许可工作进行监督检查；省、自治区、直辖市市场监督管理部门可以定期或者不定期组织对本行政区域内的食品生产许可工作进行监督检查。

第四十八条 未经申请人同意，行政机关及其工作人员、参加现场核查的人员不得披露申请人提交的商业秘密、未披露信息或者保密商务信息，法律另有规定或者涉及国家安全、重大社会公共利益的除外。

第七章 法律责任

第四十九条 未取得食品生产许可从事食品生产活动的，由县级以上地方市场监督管理部门依照《中华人民共和国食品安全法》第一百二十二条的规定给予处罚。

食品生产者生产的食品不属于食品生产许可证上载明的食品类别的，视为未取得食品生产许可从事食品生产活动。

第五十条 许可申请人隐瞒真实情况或者提供虚假材料申请食品生产许可的，由县级以上地方市场监督管理部门给予警告。申请人在1年内不得再次申请食品生产许可。

第五十一条 被许可人以欺骗、贿赂等不正当手段取得食品生产许可的，由原发证的市场监督管理部门撤销许可，并处1万元以上3万元以下罚款。被许可人在3年内不得再次申请食品生产许可。

第五十二条 违反本办法第三十一条第一款规定，食品生产者伪造、涂改、倒卖、出租、出借、转让食品生产许可证的，由县级以上地方市场监督管理部门责令改正，给予警告，并处1万元以下罚款；情节严重的，处1万元以上3万元以下罚款。

违反本办法第三十一条第二款规定，食品生产者未按规定在生产场所的显著位置悬挂或者摆放食品生产许可证的，由县级以上地方市场监督管理部门责令改正；拒不改正的，给予警告。

第五十三条 违反本办法第三十二条第一款规定，食品生产许可证有效期内,食品生产者名称、现有设备布局和工艺流程、主要生产设备设施等事项发生变化,需要变更食品生产许可证载明的许可事项,未按规定申请变更的,由原发证的市场监督管理部门责令改正,给予警告;拒不改正的,处 1 万元以上 3 万元以下罚款。

违反本办法第三十二条第二款规定,食品生产者的生产场所迁址后未重新申请取得食品生产许可从事食品生产活动的,由县级以上地方市场监督管理部门依照《中华人民共和国食品安全法》第一百二十二条的规定给予处罚。

违反本办法第三十二条第三款、第四十条第一款规定,食品生产许可证副本载明的同一食品类别内的事项发生变化,食品生产者未按规定报告的,食品生产者终止食品生产,食品生产许可被撤回、撤销或者食品生产许可证被吊销,未按规定申请办理注销手续的,由原发证的市场监督管理部门责令改正;拒不改正的,给予警告,并处 5000 元以下罚款。

第五十四条 食品生产者违反本办法规定,有《中华人民共和国食品安全法实施条例》第七十五条第一款规定的情形的,依法对单位的法定代表人、主要负责人、直接负责的主管人员和其他直接责任人员给予处罚。

被吊销生产许可证的食品生产者及其法定代表人、直接负责的主管人员和其他直接责任人员自处罚决定作出之日起 5 年内不得申请食品生产经营许可,或者从事食品生产经营管理工作、担任食品生产经营企业食品安全管理人员。

第五十五条 市场监督管理部门对不符合条件的申请人准予许可,或者超越法定职权准予许可的,依照《中华人民共和国食品安全法》第一百四十四条的规定给予处分。

第八章 附 则

第五十六条 取得食品经营许可的餐饮服务提供者在其餐饮

服务场所制作加工食品，不需要取得本办法规定的食品生产许可。

第五十七条 食品添加剂的生产许可管理原则、程序、监督检查和法律责任，适用本办法有关食品生产许可的规定。

第五十八条 对食品生产加工小作坊的监督管理，按照省、自治区、直辖市制定的具体管理办法执行。

第五十九条 各省、自治区、直辖市市场监督管理部门可以根据本行政区域实际情况，制定有关食品生产许可管理的具体实施办法。

第六十条 市场监督管理部门制作的食品生产许可电子证书与印制的食品生产许可证书具有同等法律效力。

第六十一条 本办法自2020年3月1日起施行。原国家食品药品监督管理总局2015年8月31日公布，根据2017年11月7日原国家食品药品监督管理总局《关于修改部分规章的决定》修正的《食品生产许可管理办法》同时废止。

民用航空器事件调查规定

（2020年1月3日交通运输部令2020年第2号公布
自2020年4月1日起施行　国司备字[2020001477]）

第一章　总　　则

第一条 为了规范民用航空器事件调查，根据《中华人民共和国安全生产法》《中华人民共和国民用航空法》和《生产安全事故报告和调查处理条例》等法律、行政法规，制定本规定。

第二条 本规定适用于中国民用航空局（以下简称民航局）、中国民用航空地区管理局（以下简称地区管理局）负责组织的，包括委托事发民航生产经营单位开展的民用航空器事件技术调查及相关工作。

第三条 本规定所称民用航空器事件(以下简称事件),包括民用航空器事故(以下简称事故)、民用航空器征候(以下简称征候)以及民用航空器一般事件(以下简称一般事件)。

本规定所称事故,是指在民用航空器运行阶段或者在机场活动区内发生的与航空器有关的下列事件:

(一)人员死亡或者重伤;

(二)航空器严重损坏;

(三)航空器失踪或者处于无法接近的地方。

本规定所称征候,是指在民用航空器运行阶段或者在机场活动区内发生的与航空器有关的,未构成事故但影响或者可能影响安全的事件。

本规定所称一般事件,是指在民用航空器运行阶段或者在机场活动区内发生的与航空器有关的航空器损伤、人员受伤或者其他影响安全的情况,但其严重程度未构成征候的事件。

第四条 事故等级分为特别重大事故、重大事故、较大事故和一般事故,具体划分按照有关规定执行。

征候分类及等级的具体划分按照民航局有关规定执行。

第五条 事件调查的目的是查明原因,提出安全建议,防止类似事件再次发生。

第六条 事件调查遵循下列基本原则:

(一)独立原则。调查应当由组织事件调查的部门独立进行,不受任何其他单位和个人的干涉。

(二)客观原则。调查应当坚持实事求是、客观公正、科学严谨,不得带有主观倾向性。

(三)深入原则。调查应当查明事件发生的各种原因,并深入分析产生这些原因的因素,包括航空器设计、制造、运行、维修、保障、人员培训,以及行业规章、企业管理制度和实施方面的缺陷等。

(四)全面原则。调查不仅应当查明和研究与本次事件发生有关的各种原因和产生因素,还应当查明和研究与本次事件发生无关,但在事件中暴露出来的或者在调查中发现可能影响安全的问题。

第七条 民航局和地区管理局应当做好调查经费的保障,按照有关装备标准配备专用车辆、通信设备、摄影摄像设备、录音设备、勘查设备、绘图制图设备、危险品探测设备、便携电脑、防护装备等必要的调查专用设备和装备,并保持设备和装备的正常使用。

第八条 接受委托开展事件调查工作的民航生产经营单位应当具备相应的事件调查能力,明确调查部门和职责,编写调查程序,配备调查员以及现场勘查、调查防护和摄影摄像等调查设备。

第九条 事发相关单位和个人应当对事件调查给予协助配合,无正当理由,不得拒绝。任何单位和个人不得提供或者指使他人提供虚假材料、虚假证言证词。

第十条 民航局或者地区管理局新闻发言人或者指定的人员负责事件调查信息的发布工作,其他单位和个人不得以任何形式发布或者透露事件调查信息。

第二章 调查的组织

第十一条 根据我国批准的国际公约有关规定,组织、参与事件调查时,按照下列规定执行:

(一)在我国境内发生的事件由我国负责组织调查。在我国境内发生事故、严重征候时,组织事件调查的部门应当允许航空器登记国、运营人所在国、设计国、制造国各派出一名授权代表和若干名顾问参加调查。事故中有外国公民死亡或者重伤的,组织事件调查的部门应当允许死亡或者重伤公民所在国指派一名专家参加调查。

有关国家无意派遣授权代表的,组织事件调查的部门可以允许航空器运营人、设计、制造单位的专家或者其推荐的专家参与调查。

（二）我国为航空器登记国、运营人所在国或者由我国设计、制造的民用航空器，在境外某一国家或者地区发生事故、严重征候时，民航局或者地区管理局可以委派一名授权代表和若干名顾问参加由他国或者地区组织的调查工作。

（三）我国为航空器登记国的民用航空器，在境外发生事故、严重征候时，但事发地点不在某一国家或者地区境内的，由我国负责组织调查。

（四）我国为运营人所在国或者由我国设计、制造的民用航空器，在境外发生事故、严重征候时，但事发地点不在某一国家或者地区境内，且航空器登记国无意组织调查的，可以由我国负责组织调查。

（五）由民航局或者地区管理局组织的事故、严重征候调查，可以部分或者全部委托其他国家或者地区进行调查。

（六）根据我国要求，除航空器登记国、运营人所在国、设计国和制造国外，为调查提供资料、设备或者专家的其他国家，有权任命一名授权代表和若干名顾问参加调查。

第十二条　对于由民航局和地区管理局组织调查的事件，调查范围如下：

（一）民航局组织的调查包括：

1. 国务院授权组织调查的特别重大事故；

2. 运输航空重大事故、较大事故；

3. 外国公共航空运输承运人的航空器在我国境内发生的事故；

4. 民航局认为有必要组织调查的其他事件。

（二）地区管理局组织本辖区内发生的事件调查，包括：

1. 运输航空一般事故；

2. 通用航空事故；

3. 征候和一般事件；

4. 外国公共航空运输承运人的航空器在我国境内发生的严重

征候；

5. 民航局授权地区管理局组织调查的事故；

6. 地区管理局认为有必要组织调查的其他事件。

未造成人员伤亡的一般事故、征候，地区管理局可以委托事发民航生产经营单位组织调查。一般事件原则上地区管理局委托事发民航生产经营单位自行调查，地区管理局认为必要时，可以直接组织调查。

第十三条 由民航局组织的调查，事发地地区管理局和事发相关单位所属地地区管理局应当参与。由事发地地区管理局组织的调查，事发相关单位所属地地区管理局应当给予协助，民航局可以根据需要指派调查员或者技术专家给予协助。

事发地地区管理局可以委托其他地区管理局组织调查，事发地地区管理局和事发相关单位所属地地区管理局应当给予协助。

第十四条 调查组组成应当符合下列规定：

（一）组织事件调查的部门应当任命一名调查组组长，调查组组长负责管理调查工作，并有权对调查组组成和调查工作作出决定。

（二）调查组组长根据调查工作需要，可以成立若干专业小组，分别负责飞行运行、航空器适航和维修、空中交通管理、航空气象、航空安保、机场保障、飞行记录器分析、失效分析、航空器配载、航空医学、生存因素、人为因素、安全管理等方面的调查工作。调查组组长指定专业小组组长，负责管理本小组的调查工作。

（三）调查组由调查员和临时聘请的专家组成，参加调查的人员在调查工作期间应当服从调查组组长的管理，其调查工作只对调查组组长负责。调查组成员在调查期间，应当脱离其日常工作，将全部精力投入调查工作，并不得带有本部门利益。

（四）与事件有直接利害关系的人员不得参加调查工作。

第十五条 调查组应当履行下列职责：

（一）查明事实情况；

（二）分析事件原因；

（三）作出事件结论；

（四）提出安全建议；

（五）完成调查报告。

第十六条 调查组依法行使下列职权：

（一）决定封存、启封和使用与发生事件的航空器运行和保障有关的文件、资料、记录、物品、设备和设施；

（二）要求发生事件的航空器运行、保障、设计、制造、维修等单位提供情况和资料；

（三）决定实施和解除事发现场的保护措施；

（四）决定移动、保存、检查、拆卸、组装、取样、验证发生事件的航空器及其残骸；

（五）对事件有关单位和人员、目击者和其他知情者进行询问并录音或者录像，要求其提供相关文件、资料；

（六）提出开展尸检、病理及毒理检验等工作要求；

（七）确定可公开的信息及资料；

（八）调查组认为有必要开展的其他行动。

第十七条 根据我国批准的国际公约有关规定，有关国家授权代表及其顾问、专家应当在调查组组长的管理下进行调查工作，并有以下权利和义务：

（一）航空器登记国、运营人所在国、设计国、制造国的授权代表及其顾问有权参加所有的调查工作，包括：

1. 查看事发现场；

2. 检查残骸；

3. 获取目击信息和建议询问范围；

4. 尽快完全掌握全部有关证据；

5. 接收一切有关文件的副本；

6. 参加记录介质的判读；

7. 参加现场外调查活动以及专项实验验证；

8. 参加调查技术分析会，包括分析报告、调查结果、原因和安全建议的审议；

9. 对调查的各方面内容提出意见。

（二）除航空器登记国、运营人所在国、设计国、制造国以外国家的授权代表及其顾问，有权参加与该国提供的资料、设备或者专家有关的调查工作。

（三）授权代表及其顾问的义务：

1. 应当向调查组提供其掌握的所有相关资料；

2. 未经调查组同意，不得泄露有关调查进展和结果的信息。

（四）蒙受公民死亡或者重伤的国家指派参加调查的专家有权：

1. 查看事发现场；

2. 掌握已对外公布的有关事实情况，以及关于调查工作进展情况的信息；

3. 协助辨认遇难者；

4. 协助与本国幸存旅客见面；

5. 接收最终调查报告的副本。

第三章 调查员的管理

第十八条 民航局、地区管理局、接受委托开展事件调查的民航生产经营单位应当指定满足下列条件的人员担任调查员负责事件调查工作：

（一）在航空安全管理、飞行运行、适航维修、空中交通管理、机场管理、航空医学或者飞行记录器译码等专业领域具有 3 年及以上工作经历，具备较高专业素质；

（二）按照民航局调查员培训大纲的要求参加初始培训和复训；

（三）有一定的组织、协调和管理能力；

（四）身体和心理条件能够适应调查工作。

第十九条 调查员应当实事求是、客观公正、尊重科学、恪尽职守、吃苦耐劳，正确履行职责、行使权力，遵守调查纪律。

未经调查组组长允许，调查员不得擅自发布调查信息。

第二十条 民航局负责民航局、地区管理局调查员委任和管理工作。民航生产经营单位负责本单位调查员管理工作。

第二十一条 民航局、地区管理局的调查员因身体、心理、离职或者培训考核不合格等原因不能正常履行调查员职责的，或者任期内有违法、违纪行为的，应当终止其调查员委任。

第二十二条 民航局、地区管理局和民航生产经营单位根据需要为本单位的调查员提供心理疏导，保护调查员职业健康。

第四章 事件的报告

第二十三条 事件发生后，事发相关单位应当按照《民用航空安全信息管理规定》的要求报告。事故、严重征候报告应当包括以下内容：

（一）事发时间、地点和民用航空器运营人；

（二）民用航空器类别、型别、国籍和登记标志；

（三）机长姓名，机组、旅客和机上其他人员人数及国籍；

（四）任务性质，最后一个起飞点和预计着陆点；

（五）简要经过；

（六）机上和地面伤亡人数，航空器损伤情况；

（七）事发时的地形、地貌、天气、环境等物理特征；

（八）事发时采取的应急处置措施；

（九）危险品的载运情况及对危险品的说明；

（十）报告单位的联系人及联系方式；

（十一）与事故、严重征候有关的其他情况。

前款规定的报告内容暂不齐全的，事发相关单位应当继续收集和补充,不得因此延误初步报告时间。一旦获得新的信息,应当随时补充报告。

当事发地所在国或者地区不了解航空器登记国或者运营人所在国为我国的民用航空器在该国或者地区发生严重征候时,民航局应当将该情况通知有关设计国、制造国和事发地所在国。

第二十四条 由我国组织调查的事故或者严重征候,民航局应当将事故或者严重征候情况通知航空器登记国、运营人所在国、设计国、制造国和国际民航组织,并负责有关国家参加事故或者严重征候调查的具体联络工作。

第二十五条 当民航局收到其他国家或者地区有关事故或者严重征候信息后,应当向有关国家或者地区提供如下信息:

(一)尽快将所掌握的有关事故或者严重征候所涉及航空器和机组的资料提供给出事所在国;

(二)通知出事所在国我国是否将任命授权代表,如任命,提供该授权代表的姓名和详细的联系方式;如授权代表前往出事所在国,提供其预计到达日期;

(三)如运营人所在国为我国,应当尽快向出事所在国或者航空器登记国提供航空器上危险品载运的详细情况。

第五章 事件的调查

第二十六条 事发相关单位应当根据调查工作需要,立即封存并妥善保管与此次事件相关的下列资料:

(一)飞行日志、飞行计划、通信、导航、监视、气象、空中交通服务、雷达等有关资料;

(二)飞行人员的技术、训练、检查记录,飞行经历时间;

(三)航空卫生工作记录,飞行人员体检记录和登记表、门诊记录、飞行前体检记录和出勤健康证明书;

(四)航空器国籍登记证书、适航证书、无线电台执照、履历、有关维护工具和维护记录；

（五）为航空器加注各种油料、气体等的车辆、设备以及有关化验记录和样品；

（六）航空器使用的地面电源和气源设备；

（七）为航空器除、防冰的设备以及除冰液化验的记录和样品；

（八）旅客货物舱单、载重平衡表、货物监装记录、货物收运存放记录、危险品运输相关文件、旅客名单和舱位图；

（九）旅客、行李安全检查记录，货物邮件安全检查记录，监控记录，航空器监护和交接记录；

（十）有关影像资料；

（十一）其他需要封存的文件、工具和设备。

应当封存但不能停用的工具和设备，应当通过拍照、记录等方法详细记录其工作状态。

封存资料的单位应当指定封存负责人，封存负责人应当记录封存时间并签名。

所有封存的文件、样品、工具、设备、影像和技术资料等未经调查组批准，不得启封。

第二十七条 事发现场的保护按照下列规定进行：

（一）民用机场及其邻近区域内发生的事件，现场保护工作按照《民用运输机场突发事件应急救援管理规则》执行；其他区域发生的事件按照《中华人民共和国搜寻援救民用航空器规定》执行；

（二）参与救援的单位和人员应当保护事发现场，维护秩序，禁止无关人员进入，防止哄抢、盗窃和破坏。救援工作结束后，救援人员无特殊情况不得再进入现场，防止事发现场被破坏；

（三）任何单位或者个人不得随意移动事发航空器或者航空器残骸及其散落物品。航空器坠落在铁路、公路或者跑道上或者为抢救伤员、防火灭火等需要移动航空器残骸或者现场物件的，应当作出标记，绘制现场简图，进行书面记录、拍照和录像，妥善保护现场痕迹和物证；

（四）先期到达现场的调查先遣人员对现场各种易失证据，包括物体、液体、冰、资料、痕迹等，及时拍照、采样、收集，并做书面记录；

（五）幸存的机组人员应当保持驾驶舱操纵手柄、电门、仪表等设备处于原始状态，并在救援人员到达之前尽其可能保护事发现场；

（六）救援人员到达后，由现场的组织单位负责保护现场和驾驶舱的原始状态。除因抢救工作需要，任何人不得进入驾驶舱，严禁扳动操纵手柄、电门、改变仪表读数和无线电频率等破坏驾驶舱原始状态的行为。在现场保护工作中，现场组织负责人应当派专人监护驾驶舱，直至向调查组移交；

（七）现场救援负责人怀疑现场有放射性物质、易燃易爆物品、腐蚀性液体、有害气体、有害生物制品、有毒物质等危险品或者接到有关怀疑情况报告的，应当设置专门警戒，注意安全防护，并及时安排专业人员给予确认和处理；

（八）参与救援的单位和人员应当避免对事发现场周边环境造成损害。

第二十八条　调查组到达事发现场后，按照下列规定管理事发现场：

（一）接管现场并听取负责现场保护和救援工作的单位的详细汇报；

（二）负责现场和事发航空器或者残骸的监管工作。未经调查组同意，任何无关人员不得进入现场；未经调查组组长同意，不得解除对现场和事发航空器的监管；

（三）进入事发现场工作的人员应当服从调查组的管理，不得随意进入航空器驾驶舱、改变航空器、残骸、散落物品的位置及原始状态。拆卸、分解航空器部件、液体取样等工作应当事先拍照或者记录其原始状态并在调查组成员的监督下进行；

（四）调查组组长应当指定专人负责现场的安全防护工作并及

时采取下列措施：

1. 对事发现场的有毒物品、放射性物质及传染病源等危险品采取相应的安全措施，防止对现场人员和周围居民造成危害；

2. 采取相应的防溢和防火措施，防止现场可燃液体溢出或者失火；

3. 采取相应的措施，防止航空器残骸颗粒、粉尘或者烟雾对现场人员造成危害；

4. 组织专业人员将现场的高压容器、电瓶等移至安全地带进行处理。处理前应当测量和记录有关数据，并记录其散落位置和状态等情况；

5. 及时加固或者清理处于不稳定状态的残骸及其他物体，防止倒塌造成伤害或者破坏；

6. 采取设立警戒线等安全防护措施，隔离事发现场的危险地带；

7. 在事发现场配备急救药品和医疗器材。

第二十九条 调查组到达现场后，应当立即开展现场调查工作并查明下列有关情况：

（一）事发现场勘查；

（二）航空器或者残骸；

（三）飞行过程；

（四）机组和其他机上人员；

（五）空中交通服务；

（六）运行控制；

（七）天气；

（八）飞行记录器；

（九）航空器维修记录；

（十）航空器载重情况及装载物；

（十一）通信、导航、监视、航行情报、气象、油料、场道、机场灯光等保障情况；

（十二）事发当事人、见证人、目击者和其他人员的陈述；

（十三）爆炸物破坏和非法干扰行为；

（十四）人员伤亡原因；

（十五）应急救援情况。

第三十条 对事件调查中需要试验、验证的项目，按照下列规定进行：

（一）组织事件调查的部门应当满足调查组提出的试验、验证要求，并提供必要的支持和协助；

（二）由调查组组长指派调查组成员参加试验、验证工作；

（三）采用摄像、拍照、笔录等方法记录试验部件的启封和试验、验证过程中的重要、关键阶段；

（四）试验、验证结束后，试验、验证的部门应当提供试验、验证报告。报告应当由操作人、负责人和调查组成员签署。

第三十一条 事故发生后，事发单位应当如实向组织事件调查的部门报告直接经济损失。决定修复航空器的，应当开列详细的修复费用清单，列明各单项费用和总费用。

航空器修复费用及相关经济损失的核定，应当遵守民航局有关规定。

第三十二条 调查中需要对专门性问题进行鉴别和判断并提供鉴定意见的，调查组委托专业机构进行检测；需要司法鉴定的，调查组委托司法鉴定机构出具相关鉴定意见。

第三十三条 调查组成员和参与调查的人员不得对外公开下列信息：

（一）调查过程中获取的有关人员的所有陈述记录；

（二）与航空器运行有关的所有通信记录；

（三）相关人员的医疗或者私人资料；

（四）驾驶舱语音记录及其记录文本；

（五）驾驶舱影像记录及其记录文本；

（六）与空中交通服务有关的所有记录；

（七）原因分析资料，包括飞行记录器分析资料和技术会议记录。

前款规定的信息仅在与调查事件分析和结论有关时才可纳入调查报告或者其附录中，与分析和结论无关的部分不得公布。

第三十四条 民航局应当根据其他组织事件调查的国家或者地区的要求，提供所掌握的与调查有关的资料。

第六章 调查报告的管理

第三十五条 调查报告应当包括下列内容：

（一）调查中查明的事实；

（二）原因分析及主要依据；

（三）结论；

（四）安全建议；

（五）必要的附件；

（六）调查中尚未解决的问题。

第三十六条 专业小组应当向调查组组长提交专业小组调查报告，调查组组长应当组织审议专业小组调查报告。

第三十七条 调查组组长负责组织编写调查报告草案。草案完成后，由调查组组长提交给组织事件调查的部门审议。

第三十八条 组织事件调查的部门可以就调查报告草案向下列有关单位征询意见：

（一）参加调查的有关单位；

（二）事发相关单位；

（三）其他必要的单位。

被征询意见的民航生产经营单位在收到征询意见通知后，应当在规定期限内以书面形式将意见反馈给组织事件调查的部门。对调查报告草案有不同意见的，应当写明观点，并提供相应证据。

组织事件调查的部门应当将征询的意见交给调查组研究，调查组组长决定是否对调查报告草案进行修改。调查报告草案修正案及征询意见的采纳情况应当一并提交组织事件调查的部门。

第三十九条 对于涉外的事故和严重征候调查，民航局应当就调查报告草案向航空器登记国、运营人所在国、设计国、制造国和参与调查的国家征询意见。

第四十条 民航局、地区管理局的航空安全委员会或者其授权的部门负责审议调查报告草案。

第四十一条 在调查的任何阶段，民航局、地区管理局应当按权限及时向有关部门、单位、国家以及国际民航组织提出加强和改进航空安全的建议。

收到民航局、地区管理局提出安全建议的部门或者单位，应当自接到安全建议30日内，书面回复安全建议的接受情况。

收到国(境)外调查机构发来安全建议的部门或者单位，应当自接到安全建议90日内，书面回复安全建议的接受情况。

第四十二条 接受安全建议后，相关单位应当根据建议制定相应措施。民航局、地区管理局应当及时跟踪安全建议落实情况和实施效果。

第四十三条 调查报告应当在规定期限内尽快完成。

不能在规定期限内提交调查报告的，组织事件调查的部门应当在期限到达日之前向接受报告的部门提交调查进展报告。

第四十四条 民航局对地区管理局提交的最终调查报告应当在10个工作日内完成审议。审议发现问题的，民航局可以要求组织调查的地区管理局进行补充调查或者重新调查，也可以组织重新调查。民航局未在10个工作日内对地区管理局提交的最终调查报告提出意见的，视为批准调查报告。

第四十五条 事件调查报告经国务院或者民航局批准后，调查工作即告结束。

第四十六条 对于事故，民航局应当在事故发生后30日内向国际民航组织送交初步调查报告。对于事故和严重征候，调查结束后，民航局应当向国际民航组织和有关国家送交调查报告。

第四十七条 调查工作结束后，发现新的重要证据，可能推翻原结论或者需要对原结论进行重大修改的，组织事件调查的部门应当重新进行调查。

第四十八条 组织事件调查的部门应当在调查结束后对调查工作进行总结，并对调查的文件、资料、证据等清理归档，档案保存时限按照民航局档案保存有关规定执行。

第四十九条 事故调查报告应当依法及时向社会公布，依法应当保密的除外。

第七章 法律责任

第五十条 民航生产经营单位违反本规定第四十一条第二款、第三款规定，未按时限书面回复安全建议的接受情况的，由地区管理局责令限期改正，给予警告；逾期未改正的，处违法所得3倍以下、最高不超过3万元的罚款，没有违法所得的，处1万元以下的罚款。

第五十一条 事故发生单位及其有关个人有《生产安全事故报告和调查处理条例》第三十六条所列行为之一的，依照《生产安全事故报告和调查处理条例》的规定予以处罚。

第五十二条 民航行政机关工作人员在事件调查中有滥用职权、玩忽职守行为的，由有关部门依法处分；构成犯罪的，依法追究刑事责任。

第五十三条 民航生产经营单位和个人在事件调查中提供虚假材料、虚假证言证词的，依法记入民航行业严重失信行为记录，并按照有关规定进行公示。

第八章 附 则

第五十四条 本规定中下列用语的含义是：

（一）民航生产经营单位，是指在中华人民共和国境内依法设立的民用航空器经营人、飞行训练单位、维修单位、航空产品型号设计或者制造单位、空中交通管理运行单位、民用机场（包括军民合用机场民用部分）以及地面服务保障等单位。

（二）人员死亡或者重伤，是指因事件导致在下列情形中发生的人员死亡或者重伤，但是由于自然原因、自身或者他人原因造成的人员伤害，以及藏匿于供旅客和机组使用区域外的偷乘航空器者所受的人员伤害等情况除外：

1. 在航空器内；

2. 与航空器的任何部分包括已脱离航空器的部分直接接触；

3. 直接暴露于发动机喷流。

在事故发生之日起 30 日内经抢救无效死亡的，视为事故导致的人员死亡。

（三）航空器严重损坏，是指对航空器的结构强度、性能或者飞行特性有不利影响，并通常需要修理或者更换有关部件。

（四）授权代表，是指根据我国批准的国际公约有关规定，由一国指派代表该国参加由另一国组织的调查的人员。授权代表通常来自指派国的事故调查部门。

（五）顾问，是指协助授权代表开展调查工作的人员。

（六）事发相关单位，是指与所发生事件有关的、能提供事件直接信息的航空器运营人（含分、子公司）和航空运行服务保障单位。

（七）航空器运行阶段，是指从任何人登上航空器准备飞行起至飞行结束这类人员离开航空器为止的过程。

第五十五条 民用航空器在交付前的科研、生产试飞期间发生的事件的调查不适用本规定。

第五十六条 执行军事、海关、警察等飞行任务的国家航空器发生与民用航空器相关的事件，按照国家有关规定进行调查，其中民用部分按照本规定进行调查。

第五十七条 调查中涉及司法调查时，民航组织事件调查的部门应当与司法部门进行协调。

第五十八条 公安部门依法调查因非法干扰造成的事件的，民航组织事件调查的部门应当协助公安部门进行调查。

第五十九条 民航局或者地区管理局参与由国务院组织的民用航空器事故调查组开展技术调查工作时，参照本规定执行。

我国参与由其他国家或者地区组织的民用航空器事件调查工作时，按照我国批准的国际公约和本规定的有关要求执行。

第六十条 本规定自2020年4月1日起施行。原民航总局于2007年3月15日公布的《民用航空器事故和飞行事故征候调查规定》（民航总局令第179号）同时废止。

强制性国家标准管理办法

（2020年1月6日国家市场监督管理总局令第25号公布 自2020年6月1日起施行 国司备字[2020001444]）

第一条 为了加强强制性国家标准管理，规范强制性国家标准的制定、实施和监督，根据《中华人民共和国标准化法》，制定本办法。

第二条 强制性国家标准的制定（包括项目提出、立项、组织起草、征求意见、技术审查、对外通报、编号、批准发布）、组织实施以及监督工作，适用本办法。

第三条 对保障人身健康和生命财产安全、国家安全、生态环境安全以及满足经济社会管理基本需要的技术要求，应当制定强制性国家标准。

第四条 制定强制性国家标准应当坚持通用性原则，优先制定适用于跨领域跨专业的产品、过程或者服务的标准。

第五条 制定强制性国家标准应当在科学技术研究成果和社会实践经验的基础上，深入调查论证，保证标准的科学性、规范性、时效性。

第六条 制定强制性国家标准应当结合国情采用国际标准。

第七条 制定强制性国家标准应当公开、透明,按照便捷有效的原则采取多种方式,广泛听取各方意见。

第八条 强制性国家标准应当有明确的标准实施监督管理部门,并能够依据法律、行政法规、部门规章的规定对违反强制性国家标准的行为予以处理。

第九条 国务院标准化行政主管部门统一管理全国标准化工作,负责强制性国家标准的立项、编号和对外通报。国务院有关行政主管部门依据职责负责强制性国家标准的项目提出、组织起草、征求意见和技术审查。强制性国家标准由国务院批准发布或者授权批准发布。

县级以上人民政府标准化行政主管部门和有关行政主管部门依据法定职责,对强制性国家标准的实施进行监督检查。

第十条 省、自治区、直辖市人民政府标准化行政主管部门可以向国务院标准化行政主管部门提出强制性国家标准的立项建议,由国务院标准化行政主管部门会同国务院有关行政主管部门研究决定。确有必要制定强制性国家标准的,国务院标准化行政主管部门应当明确项目提出部门,无需立项的应当说明理由。

社会团体、企业事业组织以及公民可以向国务院标准化行政主管部门提出强制性国家标准的立项建议,国务院标准化行政主管部门认为需要立项的,会同国务院有关行政主管部门研究决定。确有必要制定强制性国家标准的,国务院标准化行政主管部门应当明确项目提出部门,无需立项的应当说明理由。

第十一条 国务院有关行政主管部门依据职责向国务院标准化行政主管部门提出强制性国家标准项目。

涉及两个以上国务院有关行政主管部门的强制性国家标准项目,可以由牵头部门会同有关部门联合提出。

第十二条 国务院有关行政主管部门提出强制性国家标准项

目前，应当充分征求国务院其他有关行政主管部门的意见，调查企业事业组织、社会团体、消费者和教育、科研机构等方面的实际需求，对项目的必要性和可行性进行论证评估。

第十三条 国务院有关行政主管部门提出强制性国家标准项目时，应当报送项目申报书和标准立项草案。项目申报书应当包括下列内容：

（一）制定强制性国家标准的必要性、可行性；

（二）主要技术要求；

（三）国内相关强制性标准和配套推荐性标准制定情况；

（四）国际标准化组织、其他国家或者地区相关法律法规和标准制定情况；

（五）强制性国家标准的实施监督管理部门以及对违反强制性国家标准行为进行处理的有关法律、行政法规、部门规章依据；

（六）强制性国家标准所涉及的产品、过程或者服务目录；

（七）征求国务院有关部门意见的情况；

（八）经费预算以及进度安排；

（九）需要申报的其他事项。

第十四条 国务院标准化行政主管部门应当按照下列要求对强制性国家标准项目进行审查：

（一）是否符合本办法第三条和第四条规定的原则；

（二）是否符合有关法律、行政法规的规定，是否与有关强制性标准的技术要求协调衔接；

（三）是否符合本办法第十二条和第十三条的要求；

（四）需要审查的其他内容。

第十五条 国务院标准化行政主管部门应当将符合本办法第十四条规定的强制性国家标准项目在全国标准信息公共服务平台向社会公开征求意见。

征求意见期限不得少于三十日。紧急情况下可以缩短征求意见期限，但一般不得少于七日。

第十六条　对于公众提出的意见,国务院标准化行政主管部门根据需要可以组织专家论证、召开会议进行协调或者反馈项目提出部门予以研究处理。

第十七条　国务院标准化行政主管部门应当根据审查意见以及协调情况,决定是否立项。

决定予以立项的,国务院标准化行政主管部门应当下达项目计划,明确组织起草部门和报送批准发布时限。涉及两个以上国务院有关行政主管部门的,还应当明确牵头组织起草部门。

决定不予立项的,国务院标准化行政主管部门应当以书面形式告知项目提出部门不予立项的理由。

第十八条　组织起草部门可以委托相关标准化技术委员会承担起草工作。

未组成标准化技术委员会的,组织起草部门应当成立起草专家组承担强制性国家标准起草工作。涉及两个以上国务院有关行政主管部门的强制性国家标准项目,牵头组织起草部门应当会同其他组织起草部门成立起草专家组。起草专家组应当具有权威性和代表性。

第十九条　强制性国家标准的技术要求应当全部强制,并且可验证、可操作。

强制性国家标准编写应当遵守国家有关规定,并在前言中载明组织起草部门信息,但不得涉及具体的起草单位和起草人信息。

第二十条　强制性国家标准应当对相关事项进行调查分析、实验、论证。

有关技术要求需要进行试验验证的,应当委托具有相应能力的技术单位开展。

第二十一条　起草强制性国家标准应当同时编写编制说明。编制说明应当包括下列内容:

(一)工作简况,包括任务来源、起草人员及其所在单位、起草过程等;

（二）编制原则、强制性国家标准主要技术要求的依据（包括验证报告、统计数据等）及理由；

（三）与有关法律、行政法规和其他强制性标准的关系，配套推荐性标准的制定情况；

（四）与国际标准化组织、其他国家或者地区有关法律法规和标准的比对分析；

（五）重大分歧意见的处理过程、处理意见及其依据；

（六）对强制性国家标准自发布日期至实施日期之间的过渡期（以下简称过渡期）的建议及理由，包括实施强制性国家标准所需要的技术改造、成本投入、老旧产品退出市场时间等；

（七）与实施强制性国家标准有关的政策措施，包括实施监督管理部门以及对违反强制性国家标准的行为进行处理的有关法律、行政法规、部门规章依据等；

（八）是否需要对外通报的建议及理由；

（九）废止现行有关标准的建议；

（十）涉及专利的有关说明；

（十一）强制性国家标准所涉及的产品、过程或者服务目录；

（十二）其他应当予以说明的事项。

第二十二条 组织起草部门应当以书面形式向涉及的有关行政主管部门以及企业事业组织、社会团体、消费者组织和教育、科研机构等方面征求意见。

书面征求意见的有关行政主管部门应当包括强制性国家标准的实施监督管理部门。

第二十三条 组织起草部门应当将强制性国家标准征求意见稿、编制说明以及拟订的过渡期，通过本部门门户网站和全国标准信息公共服务平台向社会公开征求意见。

公开征求意见期限不少于六十日。紧急情况下可以缩短公开征求意见期限，但一般不得少于三十日。

第二十四条 对于涉及面广、关注度高的强制性国家标准，组织起草部门可以采取座谈会、论证会、听证会等多种形式听取意见。

第二十五条 对于不采用国际标准或者与有关国际标准技术要求不一致，并且对世界贸易组织（WTO）其他成员的贸易有重大影响的强制性国家标准，组织起草部门应当按照要求将强制性国家标准征求意见稿和中英文通报表送国务院标准化行政主管部门。

国务院标准化行政主管部门应当按照世界贸易组织（WTO）的要求对外通报，并将收到的意见反馈组织起草部门。

第二十六条 制定中的强制性国家标准有关技术要求发生重大变化的，应当再次向社会公开征求意见。需要对外通报的，还应当再次对外通报。

第二十七条 组织起草部门应当根据各方意见修改形成强制性国家标准送审稿。

第二十八条 组织起草部门可以委托相关标准化技术委员会承担对强制性国家标准送审稿的技术审查工作。

未组成标准化技术委员会的，组织起草部门应当成立审查专家组承担强制性国家标准送审稿的技术审查。涉及两个以上国务院有关行政主管部门的强制性国家标准项目，牵头组织起草部门应当会同其他组织起草部门成立审查专家组。审查专家组应当具有权威性和代表性，人数不得少于十五人。

起草人员不得承担技术审查工作。

第二十九条 技术审查应当采取会议形式，重点审查技术要求的科学性、合理性、适用性、规范性，与相关政策要求的符合性，以及与其他强制性标准的协调性。

审查会议应当形成会议纪要，并经与会全体专家签字。会议纪要应当真实反映审查情况，包括会议时间地点、会议议程、专家名单、具体的审查意见、审查结论等。

第三十条 组织起草部门根据技术审查意见决定报送批准发

布的,应当形成报批稿,送国务院标准化行政主管部门统一编号。

两个以上国务院有关行政主管部门联合起草的,牵头组织起草部门应当经其他组织起草部门同意后,送国务院标准化行政主管部门统一编号。

第三十一条 组织起草部门应当提供下列材料,并对强制性国家标准报批稿的内容负责:

(一)报送公文;

(二)强制性国家标准报批稿;

(三)编制说明;

(四)征求意见汇总处理表;

(五)审查会议纪要;

(六)需要报送的其他材料。

报送公文应当包括过渡期的建议。

第三十二条 强制性国家标准不能按照项目计划规定时限报送的,组织起草部门应当提前三十日向国务院标准化行政主管部门说明情况,并申请延长期限。

延长的期限不得超过一年。

第三十三条 强制性国家标准报送编号前,组织起草部门认为相关技术要求存在重大问题或者出现政策性变化的,可以重新组织起草或者向国务院标准化行政主管部门提出项目终止建议。

第三十四条 国务院标准化行政主管部门应当对符合下列要求的强制性国家标准予以编号:

(一)制定程序规范、报送材料齐全;

(二)符合本办法第三条和第四条规定的原则;

(三)符合有关法律、行政法规的规定,并与有关强制性标准的技术要求协调衔接;

(四)妥善处理重大分歧意见。

第三十五条 强制性国家标准的编号由强制性国家标准代号(GB)、顺序号和年代号构成。

第三十六条　国务院标准化行政主管部门依据国务院授权批准发布强制性国家标准。强制性国家标准应当以国务院标准化行政主管部门公告的形式发布。

第三十七条　国务院标准化行政主管部门应当自发布之日起二十日内在全国标准信息公共服务平台上免费公开强制性国家标准文本。

第三十八条　强制性国家标准从项目计划下达到报送强制性国家标准报批稿的期限一般不得超过两年，国务院标准化行政主管部门从收到强制性国家标准报批稿到授权批准发布的期限一般不得超过两个月。

第三十九条　强制性国家标准发布后实施前，企业可以选择执行原强制性国家标准或者新强制性国家标准。

新强制性国家标准实施后，原强制性国家标准同时废止。

第四十条　强制性国家标准发布后，起草单位和起草人信息可以通过全国标准信息公共服务平台予以查询。

第四十一条　强制性国家标准发布后，有下列情形之一的，由国务院标准化行政主管部门依据国务院授权解释：

（一）强制性国家标准的规定需要进一步明确具体含义的；

（二）出现新的情况，需要明确适用强制性国家标准依据的；

（三）需要解释的其他事项。

强制性国家标准解释草案由组织起草部门研究提出并报国务院标准化行政主管部门。

强制性国家标准的解释与标准具有同等效力。解释发布后，国务院标准化行政主管部门应当自发布之日起二十日内在全国标准信息公共服务平台上免费公开解释文本。

属于强制性国家标准实施过程中有关具体问题的咨询，由组织起草部门研究答复。

第四十二条　国务院标准化行政主管部门应当通过全国标准信息公共服务平台接收社会各方对强制性国家标准实施情况的意

见建议,并及时反馈组织起草部门。

第四十三条 组织起草部门应当收集强制性国家标准实施效果和存在问题,及时研究处理,并对实施情况进行跟踪评估。

强制性国家标准的实施监督管理部门与组织起草部门为不同部门的,监督管理部门应当将行政检查、行政处罚以及其他有关信息及时反馈组织起草部门。

第四十四条 强制性国家标准实施后,组织起草部门应当定期组织对强制性国家标准实施情况进行统计分析,形成实施情况统计分析报告并送国务院标准化行政主管部门。

强制性国家标准实施情况统计分析报告应当包括强制性国家标准实施情况总体评估以及具体实施效果、存在的问题、改进建议等。

第四十五条 组织起草部门应当根据反馈和评估情况,对强制性国家标准进行复审,提出继续有效、修订或者废止的结论,并送国务院标准化行政主管部门。

复审周期一般不得超过五年。

第四十六条 复审结论为修订强制性国家标准的,组织起草部门应当在报送复审结论时提出修订项目。

强制性国家标准的修订,按照本办法规定的强制性国家标准制定程序执行;个别技术要求需要调整、补充或者删减,采用修改单方式予以修订的,无需经国务院标准化行政主管部门立项。

第四十七条 复审结论为废止强制性国家标准的,由国务院标准化行政主管部门通过全国标准信息公共服务平台向社会公开征求意见,并以书面形式征求强制性国家标准的实施监督管理部门意见。公开征求意见一般不得少于三十日。

无重大分歧意见或者经协调一致的,由国务院标准化行政主管部门依据国务院授权以公告形式废止强制性国家标准。

第四十八条 强制性国家标准制定实施中出现争议的,由国务院标准化行政主管部门组织协商;经协商未形成一致意见的,提交国务院标准化协调推进部际联席会议研究解决。

第四十九条 任何单位或者个人有权向标准化行政主管部门、有关行政主管部门举报、投诉违反本办法规定的行为。

标准化行政主管部门、有关行政主管部门依据职责予以处理，对于实名举报人或者投诉人，应当告知处理结果，为举报人保密，并按照国家有关规定对举报人给予奖励。

第五十条 强制性国家标准制定过程中涉及国家秘密的，应当遵守有关保密规定。

第五十一条 强制性国家标准涉及专利的，应当按照国家标准涉及专利的有关管理规定执行。

制定强制性国家标准参考相关国际标准的，应当遵守相关国际标准化组织的版权政策。

第五十二条 本办法所称企业包括内资企业和外商投资企业。强制性国家标准对内资企业和外商投资企业平等适用。外商投资企业依法和内资企业平等参与强制性国家标准的制定、修订工作。

第五十三条 本办法所称日为公历日。

第五十四条 法律、行政法规和国务院决定对强制性标准的制定另有规定的，从其规定。

第五十五条 本办法自2020年6月1日起施行。有关部门规章中涉及强制性国家标准管理的内容与本办法规定不一致的，以本办法规定为准。

司法解释

最高人民法院、国家发展和改革委员会、司法部关于深入开展价格争议纠纷调解工作的意见

（2019年12月9日　法发〔2019〕32号）

为深入贯彻党的十九大和十九届四中全会关于建立共建共治共享社会治理格局的重大决策部署，落实《中共中央　国务院关于推进价格机制改革的若干意见》《中共中央办公厅　国务院办公厅关于完善矛盾纠纷多元化解机制的意见》，现就深入开展价格争议纠纷调解工作，提出如下意见。

一、总体要求

（一）指导思想。以习近平新时代中国特色社会主义思想为指导，全面贯彻党的十九大和十九届二中、三中、四中全会精神，认真落实中央关于推进价格机制改革和完善矛盾纠纷多元化解机制的要求，明确调解范围，畅通调解渠道，完善制度机制，强化保障措施，依法、公正、高效化解价格争议纠纷，不断提高价格争议纠纷调解公信力，满足人民群众多元的纠纷解决需求。

（二）基本原则。坚持依法调解。不违背法律、法规和国家政策，不得损害国家利益、社会公共利益或者他人合法权益。

坚持调解自愿。充分尊重当事人的意愿，积极引导当事人优先选择调解方式化解纠纷，促进双方当事人在平等自愿的基础上达成调解协议。

坚持便民高效。合理布设价格争议纠纷调解组织网络，灵活确定纠纷化解方式，提高调解工作效率，确保调解工作质量。

坚持创新发展。充分发挥基层首创精神，鼓励基层因地制宜、形式多样地开展工作。

（三）工作目标。深入开展价格争议纠纷调解工作，及时有效化解价格争议纠纷，建立制度完善、组织健全、规范高效的价格争议纠纷调解体系，提供价格争议化解公共服务，构建调解和诉讼制度有机衔接的价格争议纠纷化解体系。

二、主要任务

（四）明确调解范围。价格争议纠纷是平等民事主体之间因商品或者服务价格产生的纠纷。价格争议纠纷调解主要涉及交通事故赔偿、消费者权益保障、医疗服务、物业服务、旅游餐饮服务、工程建设造价、农业生产资料、保险理赔等民生领域的价格争议纠纷。以下情形不属于价格争议纠纷调解范围：

1. 属于政府定价、政府指导价的；2. 涉嫌价格违法、依法应当立案查处的；3. 价格争议事项涉及非法渠道购买商品或者接受服务的；4. 涉及违禁品及国家明令禁止生产、流通及销售物品的；5. 其他不适宜开展调解的价格争议纠纷。

（五）畅通调解渠道。发生价格争议纠纷，可以通过以下途径调解：1. 价格主管部门所属的价格认定机构调解；2. 相关人民调解组织调解；3. 依法设立的其他调解组织调解。

（六）创新调解方式。认真总结实践中行之有效的价格争议纠纷调解方式方法，引导当事人优先选择调解方式化解价格争议纠纷。积极探索在线调解等工作，满足人民群众多元、及时、便捷化解价格争议纠纷的新要求。

（七）健全对接机制。采取联合调解、协助调解、委托移交调解等方式，建立价格争议纠纷行政调解、人民调解、行业性专业性调解、司法调解衔接联动的工作机制。完善诉调对接机制，探索在法院诉讼服务中心设置调解室，对适宜调解的价格争议纠纷，引导当事人选择先行调解。健全委派、委托、诉中协助调解机制,促进纠纷的合理分流。规范纠纷流程管理,对调解不成功的纠纷,依法转入审判程序,切实维护当事人权益。

(八)完善工作制度。建立完善重大疑难事项专家会商制度,加强与本地矛盾纠纷调处中心、专业性纠纷化解平台的协调对接,及时协调解决重大典型价格争议纠纷。鼓励建立联席会议等制度,加强对价格争议纠纷调解工作的组织领导和统筹协调。建立价格争议纠纷案件研判制度,通过业务交流、发布典型案例、司法建议等方式,推动依法解决价格争议纠纷。

(九)强化司法保障。价格争议纠纷调解机构或组织主持调解达成的调解协议,经当事人签字或盖章后,具有民事合同性质,当事人应当按照约定履行。双方当事人认为有必要申请司法确认的,可以依法向人民法院提出申请。经人民法院确认调解协议有效,一方当事人拒绝履行或者未全部履行的,对方当事人可以向人民法院申请强制执行。人民法院在立案登记后委托价格争议纠纷调解组织进行调解达成调解协议的,由人民法院审查并制作民事调解书结案。

三、强化保障措施

(十)加强组织领导。切实加强对价格争议纠纷调解工作的指导,及时协调解决工作中遇到的困难和问题。积极推动各地以地方性法规或者政府规章的形式出台价格争议纠纷调解办法,会同有关部门、司法机关研究制定相关政策。人民法院吸纳符合条件的价格争议纠纷调解机构或组织进入人民法院特邀调解组织名册,吸纳价格认定专业人员、人民调解员、行业调解员、律师、相关专家等进入人民法院特邀调解员名册,为当事人提供准确的调解组织和调解员信息。

(十一)加强队伍建设。建立完善价格争议纠纷调解员的遴选、培训、奖惩、退出等制度。积极吸纳价格认定专业人员、人民调解员、行业调解员、律师、相关专家等担任价格争议纠纷调解员,组建价格争议纠纷调解专家库，建立调解员定期培训制度。加强价格争议纠纷调解员培训工作，拓宽培训形式，强化职业操守，推动调解员全面提升专业知识、职业素养和调解技能。

（十二）强化工作保障。价格争议纠纷调解工作不得收取任何费用。各地要积极争取当地党委、政府及财政部门的支持，保障价格争议纠纷调解工作在调解场所、办公设备、工作经费、专业人才聘用、信息化建设等方面需要，保证价格争议纠纷调解工作的顺利开展。

（十三）积极总结推广。及时总结基层一线的典型做法，充分利用现代化传媒手段，加大宣传力度，使社会各界了解价格争议纠纷调解工作。在具体调解工作中，特别是在处理一些问题突出、情况复杂以及涉及与行政管理有关的价格争议时，各地要加强交流，相互借鉴，适时总结典型经验加以推广。

最高人民法院关于在执行工作中进一步强化善意文明执行理念的意见

（2019年12月16日　法发〔2019〕35号）

为贯彻落实《中共中央、国务院关于完善产权保护制度依法保护产权的意见》《中共中央、国务院关于营造更好发展环境支持民营企业改革发展的意见》等文件精神，进一步提升人民法院严格规范公正文明执行水平，推动执行工作持续健康高水平运行，为经济社会发展提供更加优质司法服务和保障，根据民事诉讼法及有关司法解释，结合人民法院执行工作实际，提出以下意见。

一、充分认识善意文明执行的重要意义和精神实质

1. 充分认识善意文明执行重要意义。执行是公平正义最后一道防线的最后一个环节。强化善意文明执行理念，在依法保障胜

诉当事人合法权益同时，最大限度减少对被执行人权益影响，实现法律效果与社会效果有机统一，是维护社会公平正义、促进社会和谐稳定的必然要求，是完善产权保护制度、建立健全市场化法治化国际化营商环境和推动高质量发展的应有之义，对全面推进依法治国、推进国家治理体系和治理能力现代化具有重要意义。

2.准确把握善意文明执行精神实质。执行工作是依靠国家强制力实现胜诉裁判的重要手段。当前，被执行人规避执行、逃避执行仍是执行工作中的主要矛盾和突出问题。突出执行工作的强制性，持续加大执行力度，及时保障胜诉当事人实现合法权益，依然是执行工作的工作重心和主线。但同时要注意到，执行工作对各方当事人影响重大，人民法院在执行过程中也要强化善意文明执行理念，严格规范公正保障各方当事人合法权益；要坚持比例原则，找准双方利益平衡点，避免过度执行；要提高政治站位，着眼于党和国家发展战略全局，提升把握司法政策的能力和水平，实现依法履职与服务大局、促进发展相统一。要采取有效措施坚决纠正实践中出现的超标的查封、乱查封现象，畅通人民群众反映问题渠道，对有关线索实行“一案双查”，对不规范行为依法严肃处理。

人民法院在强化善意文明执行理念过程中，要充分保障债权人合法权益，维护执行权威和司法公信力，把强制力聚焦到对规避执行、逃避执行、抗拒执行行为的依法打击和惩处上来。要坚决防止执行人员以“善意文明执行”为借口消极执行、拖延执行，或者以降低对被执行人影响为借口无原则促成双方当事人和解，损害债权人合法权益。

二、严禁超标的查封和乱查封

3.合理选择执行财产。被执行人有多项财产可供执行的，人民法院应选择对被执行人生产生活影响较小且方便执行的财产执行。在不影响执行效率和效果的前提下，被执行人请求人民法院先执行某项财产的，应当准许；未准许的，应当有合理正当理由。

执行过程中，人民法院应当为被执行人及其扶养家属保留必需的生活费用。要严格按照中央有关产权保护的精神,严格区分企业法人财产与股东个人财产,严禁违法查封案外人财产,严禁对不得查封的财产采取执行措施,切实保护民营企业等企业法人、企业家和各类市场主体合法权益。要注意到,信托财产在信托存续期间独立于委托人、受托人各自的固有财产,并且受益人对信托财产享有的权利表现为信托受益权,信托财产并非受益人的责任财产。因此,当事人因其与委托人、受托人或者受益人之间的纠纷申请对存管银行或信托公司专门账户中的信托资金采取保全或执行措施的,除符合《中华人民共和国信托法》第十七条规定的情形外,人民法院不应准许。

4.严禁超标的查封。强制执行被执行人的财产,以其价值足以清偿生效法律文书确定的债权额为限,坚决杜绝明显超标的查封。冻结被执行人银行账户内存款的,应当明确具体冻结数额,不得影响冻结之外资金的流转和账户的使用。需要查封的不动产整体价值明显超出债权额的,应当对该不动产相应价值部分采取查封措施;相关部门以不动产登记在同一权利证书下为由提出不能办理分割查封的,人民法院在对不动产进行整体查封后,经被执行人申请,应当及时协调相关部门办理分割登记并解除对超标的部分的查封。相关部门无正当理由拒不协助办理分割登记和查封的,依照民事诉讼法第一百一十四条采取相应的处罚措施。

5.灵活采取查封措施。对能"活封"的财产,尽量不进行"死封",使查封财产能够物尽其用,避免社会资源浪费。查封被执行企业厂房、机器设备等生产资料的,被执行人继续使用对该财产价值无重大影响的,可以允许其使用。对资金周转困难、暂时无力偿还债务的房地产开发企业,人民法院应按照下列情形分别处理:

(1)查封在建工程后,原则上应当允许被执行人继续建设。

(2)查封在建工程后,对其采取强制变价措施虽能实现执行债权人债权,但会明显贬损财产价值、对被执行人显失公平的,应积极促成双方当事人达成暂缓执行的和解协议,待工程完工后再行变价；无法达成和解协议，但被执行人提供相应担保并承诺在合理期限内完成建设的，可以暂缓采取强制变价措施。

(3)查封在建商品房或现房后，在确保能够控制相应价款的前提下，可以监督被执行人在一定期限内按照合理价格自行销售房屋。人民法院在确定期限时，应当明确具体的时间节点，避免期限过长影响执行效率、损害执行债权人合法权益。

6. 充分发挥查封财产融资功能。人民法院查封财产后，被保全人或被执行人申请用查封财产融资的，按照下列情形分别处理：

(1)保全查封财产后，被保全人申请用查封财产融资替换查封财产的，在确保能够控制相应融资款的前提下，可以监督被保全人按照合理价格进行融资。

(2)执行过程中，被执行人申请用查封财产融资清偿债务，经执行债权人同意或者融资款足以清偿所有执行债务的，可以准许。

被保全人或被执行人利用查封财产融资，出借人要求先办理财产抵押或质押登记再放款的，人民法院应积极协调有关部门做好财产解封、抵押或质押登记等事宜，并严格控制融资款。

7. 严格规范上市公司股票冻结。为维护资本市场稳定，依法保障债权人合法权益和债务人投资权益，人民法院在冻结债务人在上市公司的股票时，应当依照下列规定严格执行：

(1)严禁超标的冻结。冻结上市公司股票，应当以其价值足以清偿生效法律文书确定的债权额为限。股票价值应当以冻结前一交易日收盘价为基准，结合股票市场行情，一般在不超过20%的幅度内合理确定。股票冻结后，其价值发生重大变化的，经当事人申请，人民法院可以追加冻结或者解除部分冻结。

(2)可售性冻结。保全冻结上市公司股票后，被保全人申请将冻结措施变更为可售性冻结的，应当准许，但应当提前将被保全人在证券公司的资金账户在明确具体的数额范围内予以冻结。在执行过程中，被执行人申请通过二级市场交易方式自行变卖股票清偿债务的，人民法院可以按照前述规定办理，但应当要求其在10

个交易日内变卖完毕。特殊情形下,可以适当延长。

(3)已质押股票的冻结。上市公司股票存在质押且质权人非本案保全申请人或申请执行人,目前,人民法院在采取冻结措施时,由于需要计入股票上存在的质押债权且该债权额往往难以准确计算,尤其是当股票存在多笔质押时还需指定对哪一笔质押股票进行冻结,为保障普通债权人合法权益,人民法院一般会对质押股票进行全部冻结,这既存在超标的冻结的风险,也会对质押债权人自行实现债权造成影响,不符合执行经济原则。

最高人民法院经与中国证券监督管理委员会沟通协调,由中国证券登记结算有限公司(以下简称中国结算公司)对现有冻结系统进行改造,确立了质押股票新型冻结方式,并在系统改造完成后正式实施。具体内容如下:

第一,债务人持有的上市公司股票存在质押且质权人非本案保全申请人或申请执行人,人民法院对质押股票冻结时,应当依照7(1)规定的计算方法冻结相应数量的股票,无需将质押债权额计算在内。冻结质押股票时,人民法院应当提前冻结债务人在证券公司的资金账户,并明确具体的冻结数额,不得对资金账户进行整体冻结。

第二,股票冻结后,不影响质权人变价股票实现其债权。质权人解除任何一部分股票质押的,冻结效力在冻结股票数量范围内对解除质押部分的股票自动生效。质权人变价股票实现其债权后变价款有剩余的,冻结效力在本案债权额范围内对剩余变价款自动生效。

第三,在执行程序中,为实现本案债权,人民法院可以在质押债权和本案债权额范围内对相应数量的股票采取强制变价措施,并在优先实现质押债权后清偿本案债务。

第四,两个以上国家机关冻结同一质押股票的,按照在证券公司或中国结算公司办理股票冻结手续的先后确定冻结顺位,依次满足各国家机关的冻结需求。两个以上国家机关在同一交易日分别在证券公司、中国结算公司冻结同一质押股票的，在先在证券公司办理股票冻结手续的为在先冻结。

第五，人民法院与其他国家机关就冻结质押股票产生争议的，由最高人民法院主动与最高人民检察院、公安部等部门依法协调解决。争议协调解决期间，证券公司或中国结算公司控制产生争议的相关股票，不协助任何一方执行。争议协调解决完成，证券公司或中国结算公司按照争议机关协商的最终结论处理。

第六，系统改造完成前已经完成的冻结不适用前述规定。案件保全申请人或申请执行人为质权人的，冻结措施不适用前述规定。

三、依法适当采取财产变价措施

8. 合理确定财产处置参考价。执行过程中，人民法院应当按照《最高人民法院关于人民法院确定财产处置参考价若干问题的规定》合理确定财产处置参考价。要在不损害第三人合法权益的情况下，积极促成双方当事人就参考价达成一致意见，以进一步提高确定参考价效率，避免后续产生争议。财产有计税基准价、政府定价或政府指导价，当事人议价不能、不成或者双方当事人一致要求定向询价的，人民法院应当积极协调有关机构办理询价事宜。定向询价结果严重偏离市场价格的，可以进行适当修正。实践证明，网络询价不仅效率高，而且绝大多数询价结果基本能够反映市场真实价格，对于财产无需由专业人员现场勘验或鉴定的，人民法院应积极引导当事人通过网络询价确定参考价，并对询价报告进行审查。

经委托评估确定参考价，被执行人认为评估价严重背离市场价格并提起异议的，为提高工作效率，人民法院可以以评估价为基准，先促成双方当事人就参考价达成一致意见。无法快速达成一致意见的，依法提交评估机构予以书面说明。评估机构逾期未做说明或者被执行人仍有异议的，应及时提交相关行业协会组织专业技术评审。在确定财产处置参考价过程中，人民法院应当依法履行监督职责,发现当事人、竞拍人与相关机构、人员恶意串通压低参考价的,应当及时查处和纠正。

9. 适当增加财产变卖程序适用情形。要在坚持网络司法拍卖优先原则的基础上,综合考虑变价财产实际情况、是否损害执行债权人、第三人或社会公共利益等因素,适当采取直接变卖或强制变卖等措施。

(1)被执行人申请自行变卖查封财产清偿债务的,在确保能够控制相应价款的前提下,可以监督其在一定期限内按照合理价格变卖。变卖期限由人民法院根据财产实际情况、市场行情等因素确定,但最长不得超过60日。

(2)被执行人申请对查封财产不经拍卖直接变卖的,经执行债权人同意或者变卖款足以清偿所有执行债务的,人民法院可以不经拍卖直接变卖。

(3)被执行人认为网络询价或评估价过低,申请以不低于网络询价或评估价自行变卖查封财产清偿债务的,人民法院经审查认为不存在被执行人与他人恶意串通低价处置财产情形的,可以监督其在一定期限内进行变卖。

(4)财产经拍卖后流拍且执行债权人不接受抵债,第三人申请以流拍价购买的,可以准许。

(5)网络司法拍卖第二次流拍后,被执行人提出以流拍价融资的,人民法院应结合拍卖财产基本情况、流拍价与市场价差异程度以及融资期限等因素,酌情予以考虑。准许融资的,暂不启动以物抵债或强制变卖程序。

被执行人依照9(3)规定申请自行变卖,经人民法院准许后,又依照《最高人民法院关于人民法院确定财产处置参考价若干问题的规定》第二十二、二十三条规定向人民法院提起异议的,不予受理;被执行人就网络询价或评估价提起异议后,又依照9(3)规定申请自行变卖的,不应准许。

10. 充分吸引更多主体参与竞买。拍卖过程中,人民法院应当全面真实披露拍卖财产的现状、占有使用情况、附随义务、已知瑕疵和权利负担、竞买资格等事项，严禁故意隐瞒拍品瑕疵诱导竞买人竞拍，严禁故意夸大拍品瑕疵误导竞买人竞拍。拍卖财产为不动产且被执行人或他人无权占用的，人民法院应当依法负责腾退，不得在公示信息中载明“不负责腾退交付”等信息。要充分发挥网拍平台、拍卖辅助机构的专业优势，做好拍品视频宣介、向专业市场主体定向推送拍卖信息、实地看样等相关工作，以吸引更多市场主体参与竞拍。

11. 最大限度实现财产真实价值。同一类型的执行财产数量较多，被执行人认为分批次变价或者整体变价能够最大限度实现其价值的，人民法院可以准许。尤其是对体量较大的整栋整层楼盘、连片商铺或别墅等不动产，已经分割登记或事后可以分割登记的，被执行人认为分批次变价能够实现不动产最大价值的，一般应当准许。多项财产分别变价时，其中部分财产变价款足以清偿债务的，应当停止变价剩余财产，但被执行人同意全部变价的除外。

12. 准确把握不动产收益权质权变价方式。生效法律文书确定申请执行人对被执行人的公路、桥梁、隧道等不动产收益权享有质权，申请执行人自行扣划收益权收费账户内资金实现其质押债权，其他债权人以申请执行人仅对收费权享有质权而对收费账户内资金不享有质权为由，向人民法院提起异议的，不予支持。在执行过程中，人民法院可以扣划收益权收费账户内资金实现申请执行人质押债权，收费账户内资金足以清偿债务的，不应对被执行人的收益权进行强制变价。

四、充分用好执行和解及破产重整等制度

13. 依法用好执行和解和破产重整等相关制度。要在依法采取执行措施的同时，妥善把握执行时机、讲究执行策略、注意执行方法。对资金链暂时断裂，但仍有发展潜力、存在救治可能的企业，可以通过和解分期履行、兼并重组、引入第三方资金等方式盘活企业资产。要加大破产保护理念宣传，通过强化释明等方式引导执行债权人或被执行人同意依法将案件转入破产程序。对具有营运价值的企业通过破产重整、破产和解解决债务危机，充分发挥破产制度的拯救功能，帮助企业走出困境，平衡债权人、债务人、出资人、员工等利害关系人的利益，通过市场实现资源配置优化和社会整体价值最大化。

五、严格规范纳入失信名单和限制消费措施

14. 严格适用条件和程序。采取纳入失信名单或限制消费措施，必须严格依照民事诉讼法、《最高人民法院关于公布失信被执行人名单信息的若干规定》(以下简称失信名单规定)、《最高人民法院关于限制被执行人高消费及有关消费的若干规定》等规定的条件和程序进行。对于不符合法定条件的被执行人，坚决不得采取纳入失信名单或限制消费惩戒措施。对于符合法定条件的被执行人，决定采取惩戒措施的，应当制作决定书或限制消费令，并依法由院长审核后签发。

需要特别指出的是，根据司法解释规定，虽然纳入失信名单决定书由院长签发后即生效，但应当依照民事诉讼法规定的送达方式送达当事人，坚决杜绝只签发、不送达等不符合法定程序的现象发生。

15. 适当设置一定的宽限期。各地法院可以根据案件具体情况，对于决定纳入失信名单或者采取限制消费措施的被执行人，可以给予其一至三个月的宽限期。在宽限期内，暂不发布其失信或者限制消费信息；期限届满，被执行人仍未履行生效法律文书确定义务的，再发布其信息并采取相应惩戒措施。

16. 不采取惩戒措施的几类情形。被执行人虽然存在有履行能力而拒不履行生效法律文书确定义务、无正当理由拒不履行和解协议的情形，但人民法院已经控制其足以清偿债务的财产或者申请执行人申请暂不采取惩戒措施的，不得对被执行人采取纳入失信名单或限制消费措施。单位是失信被执行人的，人民法院不得将其法定代表人、主要负责人、影响债务履行的直接责任人员、实际控制人等纳入失信名单。全日制在校生因“校园贷”纠纷成为被执行人的，一般不得对其采取纳入失信名单或限制消费措施。

17. 解除限制消费措施的几类情形。人民法院在对被执行人采取限制消费措施后，被执行人及其有关人员申请解除或暂时解除的，按照下列情形分别处理：

（1）单位被执行人被限制消费后，其法定代表人、主要负责人、影响债务履行的直接责任人员、实际控制人以因私消费为由提出以个人财产从事消费行为，经审查属实的，应予准许。

（2）单位被执行人被限制消费后，其法定代表人、主要负责人确因经营管理需要发生变更，原法定代表人、主要负责人申请解除对其本人的限制消费措施的，应举证证明其并非单位的实际控制人、影响债务履行的直接责任人员。人民法院经审查属实的，应予准许，并对变更后的法定代表人、主要负责人依法采取限制消费措施。

（3）被限制消费的个人因本人或近亲属重大疾病就医，近亲属丧葬，以及本人执行或配合执行公务，参加外事活动或重要考试等紧急情况亟需赴外地，向人民法院申请暂时解除乘坐飞机、高铁限制措施，经严格审查并经本院院长批准，可以给予其最长不超过一个月的暂时解除期间。

上述人员在向人民法院提出申请时，应当提交充分有效的证据并按要求作出书面承诺；提供虚假证据或者违反承诺从事消费行为的，人民法院应当及时恢复对其采取的限制消费措施，同时依照民事诉讼法第一百一十一条从重处理，并对其再次申请不予批准。

18. 畅通惩戒措施救济渠道。自然人、法人或其他组织对被纳入失信名单申请纠正的，人民法院应当依照失信名单规定第十二条规定的程序和时限及时审查并作出处理决定。对被采取限制消费措施申请纠正的，参照失信名单规定第十二条规定办理。

人民法院发现纳入失信名单、采取限制消费措施可能存在错误的，应当及时进行自查并作出相应处理；上级法院发现下级法院纳入失信名单、采取限制消费措施存在错误的，应当责令其及时纠正，也可以依法直接纠正。

19. 及时删除失信信息。失信名单信息依法应当删除（屏蔽）的，应当及时采取删除（屏蔽）措施。超过三个工作日采取删除（屏蔽）措施，或者虽未超过三个工作日但能够立即采取措施却未采取造成严重后果的，依法追究相关人员责任。

被执行人因存在多种失信情形，被同时纳入有固定期限的失信名单和无固定期限的失信名单的，其主动履行完毕生效法律文书确定义务后，一般应当将有固定期限的名单信息和无固定期限的名单信息同时删除（屏蔽）。

20. 准确理解限制被执行人子女就读高收费学校。限制被执行人子女就读高收费学校，是指限制其子女就读超出正常收费标准的学校，虽然是私立学校，但如果其收费未超出正常标准，也不属于限制范围。人民法院在采取此项措施时，应当依法严格审查，不得影响被执行人子女正常接受教育的权利；在新闻媒体对人民法院采取此项措施存在误报误读时，应当及时予以回应和澄清。人民法院经依法审查，决定限制被执行人子女就读高收费学校的，应当做好与被执行人子女、学校的沟通工作，尽量避免给被执行人子女带来不利影响。

21. 探索建立惩戒分级分类机制和守信激励机制。各地法院可以结合工作实际，积极探索根据案件具体情况对被执行人分级分类采取失信惩戒、限制消费措施，让失信惩戒、限制消费措施更具有精准性，更符合比例原则。

各地法院在依法开展失信惩戒的同时，可以结合工作实际，探索开展出具自动履行生效法律文书证明、将自动履行信息向征信机构推送、对诚信债务人依法酌情降低诉讼保全担保金额等守信激励措施，营造鼓励自动履行、支持诚实守信的良好氛围。

六、加大案款发放工作力度

22.全面推行"一案一账户"系统。案款到账后且无争议的，人民法院应当按照规定在一个月内及时发还给执行债权人；部分案款有争议的，应当先将无争议部分及时发放。目前，最高人民法院正在全面推行"一案一账户"系统，各地法院要按照规定的时间节点和标准要求，严格落实系统部署与使用工作，确保案款收发公开透明、及时高效、全程留痕，有效堵塞案款管理漏洞，消除廉政风险隐患，最大限度保障各方当事人合法权益。

最高人民法院、司法部、中华全国律师协会印发《关于深入推进律师参与人民法院执行工作的意见》的通知

（2019年12月25日　法发〔2019〕34号）

各省、自治区、直辖市高级人民法院、司法厅（局）、律师协会，解放军军事法院，新疆维吾尔自治区高级人民法院生产建设兵团分院，新疆生产建设兵团司法局、律师协会：

为认真贯彻落实中央全面依法治国委员会《关于加强综合治理从源头切实解决执行难问题的意见》（中法委发〔2019〕1号）有关要求，形成解决执行难工作合力，最高人民法院、司法部、中华全国律师协会研究制定了《关于深入推进律师参与人民法院执行工作的意见》。现印发你们，请认真执行。

最高人民法院、司法部、中华全国律师协会关于深入推进律师参与人民法院执行工作的意见

为深入贯彻落实党的十八届四中全会提出的"切实解决执行难""依法保障胜诉当事人及时实现权益"重大决策部署，根据中央全面依法治国委员会《关于加强综合治理从源头切实解决执行难问题的意见》(中法委发〔2019〕1号)关于"各地区各部门积极引入专业力量参与执行，建立健全仲裁、公证、律师、会计、审计等专业机构和人员深度参与执行的工作机制，形成解决执行难的社会合力"要求，依照相关法律规定，就深入推进律师参与人民法院执行工作，制定本意见。

一、深刻认识律师参与执行工作的重要意义

1. 人民法院执行工作是依靠国家强制力确保法律全面准确实施的重要手段，是维护人民群众合法权益、实现社会公平正义的关键环节。党的十八大以来，以习近平同志为核心的党中央高度重视人民法院执行工作，将解决执行难确定为全面依法治国的重要内容，作出重大决策部署，要求各地区各有关部门充分认识执行工作重要意义，强化责任落实，形成工作合力，积极构建综合治理、源头治理执行难工作大格局。

律师作为社会主义法治工作者和法律职业共同体的重要组成部分，是人民法院审判执行活动的重要参与者，在推进全面依法治国、建设社会主义法治国家进程中发挥着重要作用。深入推进律师参与执行工作，有助于落实以人民为中心的发展思想，践行司法为民宗旨，依法保障当事人合法权益；有助于建立健全解决执行难长效机制，提升执行工作能力，保持执行工作高水平运行；有助于凝聚各方面力量，提升全社会的法治意识、诚信意识和风险意识，

推进全面依法治国和社会诚信体系建设。

二、充分发挥律师在执行工作中的重要作用

2.充分发挥律师对人民法院执行工作的促进作用。近年来，随着执行案件数量持续增加，执行专业化水平不断提升，亟需律师等专业力量深度参与执行，通过发挥职能作用和承担部分辅助性工作，促进生效法律文书及时有效执行。特别是，不少当事人在专业知识和查人找物等方面存在较大需求，需要律师发挥其在法律规范适用、财产线索查找、执行风险评估、合法权益救济等方面的积极作用，通过提供优质高效的法律服务，满足人民群众日益增长的司法需求。

各级人民法院要进一步提高对律师参与执行重要性的认识，结合工作实际，积极探索和创新保障律师执业权利、改善律师执业环境、推动律师参与执行的各项工作机制，为律师依法履行职责、发挥优势作用提供支撑和便利。

3.充分发挥律师在推进矛盾纠纷化解中的作用。执行工作对抗性强、风险性高，极易引发矛盾和冲突。要充分发挥代理律师桥梁纽带作用，促进当事人之间、当事人和人民法院之间沟通协调。代理律师要引导、协助当事人正确认识生效法律文书裁判结果，使其充分知悉拒不履行法律义务的风险和后果。当事人不认可裁判结果的，应当引导其依法通过相应程序解决。存在和解可能的，可以提出和解建议，协助委托人与对方当事人达成执行和解。协助当事人起草和解协议时，应当秉持勤勉、专业的要求，确保要素齐全、行文规范、切实可行。当事人不履行和解协议的，代理律师可以协助委托人依法向人民法院申请恢复执行或就履行执行和解协议向人民法院提起诉讼。

各级人民法院要建立健全执行案件多元化纠纷解决机制，鼓励通过律师调解等方式化解执行争议，探索推动设立“律师志愿服务岗”“律师调解工作室”等，做好执调对接工作，为律师以中立第三方身份参与矛盾化解创造条件和便利。

4. 充分发挥律师在财产保全中的作用。代理律师应当向当事人充分释明诉讼风险，明确财产保全对其实现权益的重要性，引导当事人及时向人民法院申请财产保全。已经采取保全措施的，提示当事人可以在保全期限届满七日前向人民法院提出续行保全申请；符合解除保全情形的，提示当事人可以及时申请解除保全。

各级人民法院应当加大诉讼保全适用力度，简化保全工作流程，推广保全保险担保机制，为当事人申请保全提供便利。要公开申请保全的条件、方式和流程，对符合条件的财产保全申请，应当及时受理和采取保全措施，并告知申请保全人或代理律师保全裁定的内容、保全期限届满日及有关申请续行保全的事项，充分保障当事人及其代理律师的知情权、异议权、复议权。

5. 充分发挥律师在执行调查中的作用。申请执行人的代理律师可以协助申请执行人向人民法院提供所了解的被执行人的财产状况或线索，申请人民法院进行调查，必要时，可以向人民法院申请发布悬赏公告或委托审计机构进行审计。被执行人的代理律师应当告知被执行人有向人民法院如实报告财产的义务，并向其说明拒不报告、虚假报告或逾期报告财产的法律后果。

人民法院应当通过执行网络查控系统和其他必要方式开展执行调查。要依法保障律师调查取证的权利，进一步拓宽执行调查方式和渠道，研究建立委托律师调查相关工作机制。

6. 充分发挥律师在财产控制和变价中的作用。人民法院应当及时查封、扣押、冻结被执行人应当履行义务部分的财产，完成财产控制后，应当及时书面告知申请执行人或代理律师财产控制情况。查封、扣押、冻结期限届满前，代理律师可以协助申请执行人向人民法院申请延长期限，防止期限届满后财产被转移等后果出现。

人民法院应当及时对控制的财产进行变价，严禁违规评估、拍卖财产及违规以物抵债。在人民法院确定财产处置参考价过程中，代理律师应当协助当事人配合人民法院依法查明拟变价财产的权属、权利负担、占有使用、欠缴税费、质量瑕疵等事项。人民法院应当依法保障代理律师在财产变价过程中的执业权利，确保财产变价过程的公开、公平、公正。

执行款到账后，人民法院应当在规定的期限内通知申请执行人或有特别授权的代理律师办理领取手续，严禁隐瞒、截留、挪用执行款物及拖延发放执行案款。

7. 充分发挥律师在防范和打击规避执行行为中的作用。被执行人的代理律师应当向当事人释明不履行法律义务的后果，引导、协助其尊重生效法律文书，依法履行义务。被执行人存在失信等违法情形的，申请执行人的代理律师可以协助申请执行人依法申请人民法院采取限制消费、纳入失信被执行人名单等措施。被执行人有能力执行而拒不执行判决、裁定，情节严重、涉嫌犯罪的，申请执行人的代理律师可以依法调查取证，协助申请执行人依法向公安机关提出控告或向人民法院提起自诉。

人民法院应当加大对规避执行行为的防范和打击力度，对符合法定情形的被执行人，依法及时纳入失信被执行人名单。对恶意逃避执行及转移、隐匿财产的被执行人，依法及时适用拘留、罚款等强制措施；对涉嫌拒不执行判决、裁定，非法处置查封、扣押、冻结财产，以及妨害公务犯罪的行为人，应当将案件依法移送公安机关立案侦查。代理律师引导帮助申请执行人提起刑事自诉的，人民法院执行部门应当支持配合，刑事审判部门应当及时受理和裁判。

8. 充分发挥律师在参与分配和执行转破产程序中的作用。被执行人为公民或其他组织，其财产不足以清偿全部债务，其他已经取得执行依据的债权人的代理律师可以协助该债权人向人民法院申请参与分配。对符合条件的申请，人民法院应当及时受理。被执行人为企业法人，资产不足以清偿全部债务或明显缺乏清偿能力的，人民法院应当及时询问申请执行人、被执行人是否同意将执行案件移送破产审查。申请执行人或被执行人同意的，代理律师应当积极协助当事人向人民法院执行部门提供相关材料。进入破产程序后,债务人具备重整条件的,代理律师应当积极协助当事人向人民法院申请重整。被人民法院指定为破产管理人的律师事务所和律师,应当切实履行职责,制定可行重整计划,协助人民法院做好重整工作。

人民法院应当规范执行案件移送破产的审查工作,保障执行程序与破产程序有序衔接。积极推进简易破产程序设计,快速审理"无财产可破"案件。

9. 充分发挥律师在终结本次执行程序中的作用。人民法院拟对案件终结本次执行程序的,应当将案件的执行情况、采取的财产调查措施、被执行人的财产情况、终结本次执行程序的依据及法律后果等信息告知申请执行人或代理律师。代理律师应当在受委托的权限内向人民法院反映当事人关于终结本次执行程序的意见,同时向当事人全面客观释明人民法院终结本次执行程序的法律依据和后果。

人民法院应当将申请执行人及代理律师的意见记录入卷,严禁违规适用终结本次执行程序,不得变相强迫申请执行人或代理律师同意终结本次执行程序。终结本次执行程序后,人民法院应当对案件进行定期查询。发现被执行人有可供执行财产,不立即采取执行措施可能导致财产被转移、隐匿、出卖或毁损的,人民法院可以依申请,也可以依职权立即采取查封、扣押、冻结等控制性措施。

10. 充分发挥律师在执行救济中的作用。在办理执行案件过程中,人民法院应当严格依法规范执行,严禁"冷硬横推"及消极执行、拖延执行、选择性执行。人民法院自收到申请执行书之日起超过六个月未执行的,代理律师可以引导当事人向上一级人民法院申请执行。上一级人民法院应当及时受理并审查,可以责令原人民法院在一定期限内执行,也可以决定由本院执行或指令其他人民法院执行。当事人、利害关系人认为人民法院的执行行为违反法律规定的，代理律师可以引导当事人依法提出执行异议、复议，或依法向人民检察院申请检察监督。

人民法院应当深入推进律师参与化解和代理申诉制度，严格落实中央政法委《关于建立律师参与化解和代理涉法涉诉信访案件制度的意见（试行）》和最高人民法院、最高人民检察院、司法部《关于逐步实行律师代理申诉制度的意见》有关规定，深入推进律师代理执行申诉制度，保障当事人依法行使申诉权利，积极化解执行信访案件。

11. 充分发挥律师在执行法治宣传中的作用。人民法院、司法行政机关和律师协会要充分发挥自身职能作用，积极向社会开展执行法治宣传教育。要广泛宣传拒不履行生效法律文书的后果，增强当事人履行生效法律文书的主动性和自觉性，推动形成“守法守信光荣、违法失信可耻”的良好氛围，提高全社会的法治意识和诚信意识。要讲清“执行难”与“执行不能”的区别，帮助当事人充分认识诉讼风险以及被执行人丧失履行能力的风险，引导人民群众树立法治意识和风险防范意识，推动从源头上解决执行难问题。

三、切实加强律师参与执行工作的保障

12. 保障当事人依法委托律师代理执行案件的权利。人民法院应当在执行案件受理通知书中告知当事人有权委托律师代理执行案件，并列明律师的职能作用。对于符合法律援助条件而没有委托律师的，人民法院应当及时告知当事人有权申请法律援助。因追索赡养费、扶养费、抚育费、抚恤金、劳动报酬等涉民生案件向人民法院申请执行，符合法律援助条件的，人民法院可以按照相关规定向法律援助机构转交申请材料，法律援助机构应当加大法律援助力度。

13. 构建执行人员与律师的良性互动关系。人民法院要全面落实司法公开要求，畅通正常交流及意见建议表达渠道，为律师发挥作用营造风清气正、公平公正、公开透明的司法环境。要严格规范执行人员行为，杜绝执行人员与律师之间不正当交往甚至违法交易等问题。在办理执行案件过程中，严禁执行人员违规会见当事人、代理人、请托人或与其同吃、同住、同行；严禁"吃拿卡要"或让当事人、律师承担不应由其承担的费用；严禁充当诉讼掮客、违规过问案件及泄露工作秘密。积极构建执行人员与律师彼此尊重、平等相待、相互支持、相互监督、正当交往的新型良性互动关系。

14. 构建便捷高效的诉讼服务体系。人民法院要通过APP、即时通讯、微信小程序等技术手段，打造"微法院""智慧法院"，为当事人和代理律师提供智能化诉讼服务。要深化执行信息化建设与运用，打造集约化执行公开平台，做好平台与法院执行案件管理等系统的对接，为当事人和律师提供"一站式"执行信息公开服务。要增强执行公开网的交流互动性，为当事人和律师提供更加便捷的联系法官渠道，调动律师参与执行、支持执行、监督执行的积极性。

15. 加强对律师执业的监督管理。在参与执行工作中，律师应当恪守"忠诚、为民、法治、正义、诚信、敬业"的职业道德，自觉践行遵守宪法法律、忠于事实真相、严守执业纪律、坚持谨言慎行的基本要求。司法行政机关、律师协会应当加强对律师在执行工作中执业的监督管理，对违反执业规范和职业道德的，应当依法依规作出处理。

16. 建立健全沟通协调机制。人民法院、司法行政机关、律师协会要加强沟通交流，建立健全常态化协调配合工作机制，定期或不定期听取律师对人民法院执行工作的意见建议，研究解决律师参与执行工作中遇到的问题，及时协调处理侵犯律师执业权利和律师违法违规等相关事项，不断推动形成部门联动、齐抓共管、分工协作的工作格局，为深入推进律师参与执行工作提供更加有力的保障。

最高人民法院、最高人民检察院、公安部关于依法惩治袭警违法犯罪行为的指导意见

（2019 年 12 月 27 日）

人民警察代表国家行使执法权，肩负着打击违法犯罪、维护社会稳定、维持司法秩序、执行生效裁判等重要职责。在依法履职过程中，人民警察遭受违法犯罪分子暴力侵害、打击报复的事件时有发生，一些犯罪分子气焰嚣张、手段残忍，甚至出现预谋性、聚众性袭警案件，不仅危害民警人身安全，更严重损害国家法律权威、破坏国家正常管理秩序。为切实维护国家法律尊严，维护民警执法权威，保障民警人身安全，依法惩治袭警违法犯罪行为，根据有关法律法规，经最高人民法院、最高人民检察院、公安部共同研究决定，制定本意见。

一、对正在依法执行职务的民警实施下列行为的，属于刑法第二百七十七条第五款规定的“暴力袭击正在依法执行职务的人民警察”，应当以妨害公务罪定罪从重处罚：

1. 实施撕咬、踢打、抱摔、投掷等，对民警人身进行攻击的；

2. 实施打砸、毁坏、抢夺民警正在使用的警用车辆、警械等警用装备，对民警人身进行攻击的；

对正在依法执行职务的民警虽未实施暴力袭击，但以实施暴力相威胁，符合刑法第二百七十七条第一款规定的，以妨害公务罪定罪处罚。

醉酒的人实施袭警犯罪行为，应当负刑事责任。

教唆、煽动他人实施袭警犯罪行为或者为他人实施袭警犯罪行为提供工具、帮助的，以共同犯罪论处。

对袭警情节轻微或者辱骂民警，尚不构成犯罪，但构成违反治安管理行为的，应当依法从重给予治安管理处罚。

二、实施暴力袭警行为，具有下列情形之一的，在第一条规定的基础上酌情从重处罚：

1. 使用凶器或者危险物品袭警、驾驶机动车袭警的；

2. 造成民警轻微伤或者警用装备严重毁损的；

3. 妨害民警依法执行职务，造成他人伤亡、公私财产损失或者造成犯罪嫌疑人脱逃、毁灭证据等严重后果的；

4. 造成多人围观、交通堵塞等恶劣社会影响的；

5. 纠集多人袭警或者袭击民警二人以上的；

6. 曾因袭警受过处罚，再次袭警的；

7. 实施其他严重袭警行为的。

实施上述行为，构成犯罪的，一般不得适用缓刑。

三、驾车冲撞、碾轧、拖拽、剐蹭民警，或者挤别、碰撞正在执行职务的警用车辆，危害公共安全或者民警生命、健康安全，符合刑法第一百一十四条、第一百一十五条、第二百三十二条、第二百三十四条规定的，应当以以危险方法危害公共安全罪、故意杀人罪或者故意伤害罪定罪，酌情从重处罚。

暴力袭警，致使民警重伤、死亡，符合刑法第二百三十四条、第二百三十二条规定的，应当以故意伤害罪、故意杀人罪定罪，酌情从重处罚。

四、抢劫、抢夺民警枪支，符合刑法第一百二十七条第二款规定的，应当以抢劫枪支罪、抢夺枪支罪定罪。

五、民警在非工作时间，依照《中华人民共和国人民警察法》等法律履行职责的，应当视为执行职务。

六、在民警非执行职务期间，因其职务行为对其实施暴力袭击、拦截、恐吓等行为，符合刑法第二百三十四条、第二百三十二条、第二百九十三条等规定的，应当以故意伤害罪、故意杀人罪、寻衅滋事罪等定罪，并根据袭警的具体情节酌情从重处罚。

各级人民法院、人民检察院和公安机关要加强协作配合，对袭警违法犯罪行为快速处理、准确定性、依法严惩。一要依法及时开展调查处置、批捕、起诉、审判工作。民警对于袭警违法犯罪行为应当依法予以制止，并根据现场条件，妥善保护案发现场，控制犯罪嫌疑人。负责侦查办理袭警案件的民警应当全面收集、提取证据，特别是注意收集民警现场执法记录仪和周边监控等视听资料、在场人员证人证言等证据，查清案件事实。对造成民警或者他人受伤、财产损失的，依法进行鉴定。在处置过程中，民警依法依规使用武器、警械或者采取其他必要措施制止袭警行为，受法律保护。人民检察院对于公安机关提请批准逮捕、移送审查起诉的袭警案件，应当从严掌握无逮捕必要性、犯罪情节轻微等不捕不诉情形，慎重作出不批捕、不起诉决定，对于符合逮捕、起诉条件的，应当依法尽快予以批捕、起诉。对于袭警行为构成犯罪的，人民法院应当依法及时审判，严格依法追究犯罪分子刑事责任。二要依法适用从重处罚。暴力袭警是刑法第二百七十七条规定的从重处罚情形。人民法院、人民检察院和公安机关在办理此类案件时，要准确认识袭警行为对于国家法律秩序的严重危害，不能将袭警行为等同于一般的故意伤害行为，不能仅以造成民警身体伤害作为构成犯罪的标准，要综合考虑袭警行为的手段、方式以及对执行职务的影响程度等因素，准确认定犯罪性质，从严追究刑事责任。对袭警违法犯罪行为，依法不适用刑事和解和治安调解。对于构成犯罪，但具有初犯、偶犯、给予民事赔偿并取得被害人谅解等情节的，在酌情从宽时，应当从严把握从宽幅度。对犯罪性质和危害后果特别严重、犯罪手段特别残忍、社会影响特别恶劣的犯罪分子，虽具有上述酌定从宽情节但不足以从轻处罚的，依法不予从宽处罚。三要加强规范执法和法制宣传教育。人民警察要严格按照法律规定的程序和标准正确履职，特别是要规范现场执法，以法为据、以理服人，妥善化解矛盾，谨慎使用强制措施和武器警械。人民法院、人民检察院、公安机关在依法办案的同时，要加大法制宣传教育力度，对于社会影响大、舆论关注度高的重大案件，视情通过新闻媒体、微信、微博等多种形式，向社会通报案件进展情况，澄清事实真相，并结合案情释法说理，说明袭警行为的危害性。要适时公开曝光一批典型案例，向社会揭露袭警行为的违法性和严重危害性，教育人民群众遵纪守法，在全社会树立“敬畏法律、尊重执法者”的良好法治环境。

各地各相关部门在执行中遇有问题，请及时上报各自上级机关。

最高人民法院关于修改《关于内地与澳门特别行政区法院就民商事案件相互委托送达司法文书和调取证据的安排》的决定

（2019 年 12 月 30 日最高人民法院审判委员会第 1790 次会议通过　2020 年 1 月 14 日最高人民法院公告公布　自 2020 年 3 月 1 日起施行　法释〔2020〕1 号）

经最高人民法院与澳门特别行政区协商，决定对《关于内地与澳门特别行政区法院就民商事案件相互委托送达司法文书和调取证据的安排》（法释〔2001〕26 号，以下简称《安排》）作如下修改：

一、将第二条修改为：“双方相互委托送达司法文书和调取证据，通过各高级人民法院和澳门特别行政区终审法院进行。最高人民法院与澳门特别行政区终审法院可以直接相互委托送达和调取证据。

“经与澳门特别行政区终审法院协商，最高人民法院可以授权部分中级人民法院、基层人民法院与澳门特别行政区终审法院相互委托送达和调取证据。”

二、增加一条，作为第三条："双方相互委托送达司法文书和调取证据，通过内地与澳门司法协助网络平台以电子方式转递；不能通过司法协助网络平台以电子方式转递的，采用邮寄方式。

"通过司法协助网络平台以电子方式转递的司法文书、证据材料等文件，应当确保其完整性、真实性和不可修改性。

"通过司法协助网络平台以电子方式转递的司法文书、证据材料等文件与原件具有同等效力。"

三、将第三条改为第四条，修改为："各高级人民法院和澳门特别行政区终审法院收到对方法院的委托书后，应当立即将委托书及所附司法文书和相关文件转送根据其本辖区法律规定有权完成该受托事项的法院。

"受委托方法院发现委托事项存在材料不齐全、信息不完整等问题，影响其完成受托事项的，应当及时通知委托方法院补充材料或者作出说明。

"经授权的中级人民法院、基层人民法院收到澳门特别行政区终审法院委托书后，认为不属于本院管辖的，应当报请高级人民法院处理。"

四、将第九条改为第十条，修改为："委托方法院请求送达司法文书，须出具盖有其印章或者法官签名的委托书，并在委托书中说明委托机关的名称、受送达人的姓名或者名称、详细地址及案件性质。委托方法院请求按特殊方式送达或者有特别注意的事项的，应当在委托书中注明。"

五、将第十条改为第十一条，修改为："采取邮寄方式委托的，委托书及所附司法文书和其他相关文件一式两份，受送达人为两人以上的，每人一式两份。"

六、将第十一条改为第十二条，修改为："完成司法文书送达事项后，内地人民法院应当出具送达回证；澳门特别行政区法院应当出具送达证明书。出具的送达回证和送达证明书，应当注明送达的方法、地点和日期及司法文书接收人的身份，并加盖法院印章。

“受委托方法院无法送达的,应当在送达回证或者送达证明书上注明妨碍送达的原因、拒收事由和日期,并及时书面回复委托方法院。”

七、将第二十条改为第二十一条,修改为:“受委托方法院完成委托调取证据的事项后,应当向委托方法院书面说明。

“未能按委托方法院的请求全部或者部分完成调取证据事项的,受委托方法院应当向委托方法院书面说明妨碍调取证据的原因,采取邮寄方式委托的,应及时退回委托书及所附文件。

“当事人、证人根据受委托方的法律规定,拒绝作证或者推辞提供证言时,受委托方法院应当书面通知委托方法院,采取邮寄方式委托的,应及时退回委托书及所附文件。”

八、增加一条,作为第二十三条:“受委托方法院可以根据委托方法院的请求,并经证人、鉴定人同意,协助安排其辖区的证人、鉴定人通过视频、音频作证。”

九、将第二十四条改为第二十六条,修改为:“本安排在执行过程中遇有问题的,由最高人民法院与澳门特别行政区终审法院协商解决。

“本安排需要修改的,由最高人民法院与澳门特别行政区协商解决。”

十、将第二十五条改为第二十七条,修改为:“本安排自2001年9月15日起生效。本安排的修改文本自2020年3月1日起生效。”

十一、对引言、第六条、第七条、第八条、第十六条、第十八条、第二十一条作个别文字、标点符号修改。

根据本决定,对《安排》作相应修改并调整条文顺序后,重新公布。

最高人民法院关于内地与澳门特别行政区法院就民商事案件相互委托送达司法文书和调取证据的安排

（2001年8月7日最高人民法院审判委员会第1186次会议通过　根据2019年12月30日《最高人民法院关于修改〈关于内地与澳门特别行政区法院就民商事案件相互委托送达司法文书和调取证据的安排〉的决定》修正）

根据《中华人民共和国澳门特别行政区基本法》第九十三条的规定，最高人民法院与澳门特别行政区经协商，现就内地与澳门特别行政区法院就民商事案件相互委托送达司法文书和调取证据问题规定如下：

一、一般规定

第一条　内地人民法院与澳门特别行政区法院就民商事案件（在内地包括劳动争议案件，在澳门特别行政区包括民事劳工案件）相互委托送达司法文书和调取证据，均适用本安排。

第二条　双方相互委托送达司法文书和调取证据，通过各高级人民法院和澳门特别行政区终审法院进行。最高人民法院与澳门特别行政区终审法院可以直接相互委托送达和调取证据。

经与澳门特别行政区终审法院协商，最高人民法院可以授权部分中级人民法院、基层人民法院与澳门特别行政区终审法院相互委托送达和调取证据。

第三条　双方相互委托送达司法文书和调取证据，通过内地与澳门司法协助网络平台以电子方式转递;不能通过司法协助网络平台以电子方式转递的,采用邮寄方式。

通过司法协助网络平台以电子方式转递的司法文书、证据材料等文件,应当确保其完整性、真实性和不可修改性。

通过司法协助网络平台以电子方式转递的司法文书、证据材料等文件与原件具有同等效力。

第四条 各高级人民法院和澳门特别行政区终审法院收到对方法院的委托书后,应当立即将委托书及所附司法文书和相关文件转送根据其本辖区法律规定有权完成该受托事项的法院。

受委托方法院发现委托事项存在材料不齐全、信息不完整等问题,影响其完成受托事项的,应当及时通知委托方法院补充材料或者作出说明。

经授权的中级人民法院、基层人民法院收到澳门特别行政区终审法院委托书后,认为不属于本院管辖的,应当报请高级人民法院处理。

第五条 委托书应当以中文文本提出。所附司法文书及其他相关文件没有中文文本的,应当提供中文译本。

第六条 委托方法院应当在合理的期限内提出委托请求,以保证受委托方法院收到委托书后,及时完成受托事项。

受委托方法院应当优先处理受托事项。完成受托事项的期限,送达文书最迟不得超过自收到委托书之日起两个月,调取证据最迟不得超过自收到委托书之日起三个月。

第七条 受委托方法院应当根据本辖区法律规定执行受托事项。委托方法院请求按照特殊方式执行委托事项的,受委托方法院认为不违反本辖区的法律规定的,可以按照特殊方式执行。

第八条 委托方法院无须支付受委托方法院在送达司法文书、调取证据时发生的费用、税项。但受委托方法院根据其本辖区法律规定,有权在调取证据时,要求委托方法院预付鉴定人、证人、翻译人员的费用,以及因采用委托方法院在委托书中请求以特殊方式送达司法文书、调取证据所产生的费用。

第九条 受委托方法院收到委托书后，不得以其本辖区法律规定对委托方法院审理的该民商事案件享有专属管辖权或者不承认对该请求事项提起诉讼的权利为由，不予执行受托事项。

受委托方法院在执行受托事项时，发现该事项不属于法院职权范围，或者内地人民法院认为在内地执行该受托事项将违反其基本法律原则或社会公共利益，或者澳门特别行政区法院认为在澳门特别行政区执行该受托事项将违反其基本法律原则或公共秩序的，可以不予执行，但应当及时向委托方法院书面说明不予执行的原因。

二、司法文书的送达

第十条 委托方法院请求送达司法文书，须出具盖有其印章或者法官签名的委托书，并在委托书中说明委托机关的名称、受送达人的姓名或者名称、详细地址以及案件性质。委托方法院请求按特殊方式送达或者有特别注意的事项的，应当在委托书中注明。

第十一条 采取邮寄方式委托的，委托书及所附司法文书和其他相关文件一式两份，受送达人为两人以上的，每人一式两份。

第十二条 完成司法文书送达事项后，内地人民法院应当出具送达回证；澳门特别行政区法院应当出具送达证明书。出具的送达回证和送达证明书，应当注明送达的方法、地点和日期以及司法文书接收人的身份，并加盖法院印章。

受委托方法院无法送达的，应当在送达回证或者送达证明书上注明妨碍送达的原因、拒收事由和日期，并及时书面回复委托方法院。

第十三条 不论委托方法院司法文书中确定的出庭日期或者期限是否已过，受委托方法院均应当送达。

第十四条 受委托方法院对委托方法院委托送达的司法文书

和所附相关文件的内容和后果不负法律责任。

第十五条 本安排中的司法文书在内地包括：起诉状副本、上诉状副本、反诉状副本、答辩状副本、授权委托书、传票、判决书、调解书、裁定书、支付令、决定书、通知书、证明书、送达回证以及其他司法文书和所附相关文件；在澳门特别行政区包括：起诉状复本、答辩状复本、反诉状复本、上诉状复本、陈述书、申辩书、声明异议书、反驳书、申请书、撤诉书、认诺书、和解书、财产目录、财产分割表、和解建议书、债权人协议书、传唤书、通知书、法官批示、命令状、法庭许可令状、判决书、合议庭裁判书、送达证明书以及其他司法文书和所附相关文件。

三、调取证据

第十六条 委托方法院请求调取的证据只能是用于与诉讼有关的证据。

第十七条 双方相互委托代为调取证据的委托书应当写明：

（一）委托法院的名称；

（二）当事人及其诉讼代理人的姓名、地址和其他一切有助于辨别其身份的情况；

（三）委托调取证据的原因，以及委托调取证据的具体事项；

（四）被调查人的姓名、地址和其他一切有助于辨别其身份的情况，以及需要向其提出的问题；

（五）调取证据需采用的特殊方式；

（六）有助于执行该委托的其他一切情况。

第十八条 代为调取证据的范围包括：代为询问当事人、证人和鉴定人，代为进行鉴定和司法勘验，调取其他与诉讼有关的证据。

第十九条 委托方法院提出要求的，受委托方法院应当将取证的时间、地点通知委托方法院，以便有关当事人及其诉讼代理人能够出席。

第二十条 受委托方法院在执行委托调取证据时，根据委托方法院的请求，可以允许委托方法院派司法人员出席。必要时，经受委托方允许，委托方法院的司法人员可以向证人、鉴定人等发问。

第二十一条 受委托方法院完成委托调取证据的事项后，应当向委托方法院书面说明。

未能按委托方法院的请求全部或者部分完成调取证据事项的，受委托方法院应当向委托方法院书面说明妨碍调取证据的原因，采取邮寄方式委托的，应及时退回委托书及所附文件。

当事人、证人根据受委托方的法律规定，拒绝作证或者推辞提供证言的，受委托方法院应当书面通知委托方法院，采取邮寄方式委托的，应及时退回委托书及所附文件。

第二十二条 受委托方法院可以根据委托方法院的请求，并经证人、鉴定人同意，协助安排其辖区的证人、鉴定人到对方辖区出庭作证。

证人、鉴定人在委托方地域内逗留期间，不得因在其离开受委托方地域之前，在委托方境内所实施的行为或者针对他所作的裁决而被刑事起诉、羁押，不得为履行刑罚或者其他处罚而被剥夺财产或者扣留身份证件，不得以任何方式对其人身自由加以限制。

证人、鉴定人完成所需诉讼行为，且可自由离开委托方地域后，在委托方境内逗留超过七天，或者已离开委托方地域又自行返回时，前款规定的豁免即行终止。

证人、鉴定人到委托方法院出庭而导致的费用及补偿，由委托方法院预付。

本条规定的出庭作证人员，在澳门特别行政区还包括当事人。

第二十三条 受委托方法院可以根据委托方法院的请求，并经证人、鉴定人同意，协助安排其辖区的证人、鉴定人通过视频、音频作证。

第二十四条 受委托方法院取证时，被调查的当事人、证人、鉴定人等的代理人可以出席。

四、附　　则

第二十五条 受委托方法院可以根据委托方法院的请求代为查询并提供本辖区的有关法律。

第二十六条 本安排在执行过程中遇有问题的，由最高人民法院与澳门特别行政区终审法院协商解决。

本安排需要修改的，由最高人民法院与澳门特别行政区协商解决。

第二十七条 本安排自2001年9月15日起生效。本安排的修改文本自2020年3月1日起生效。

最高人民法院关于进一步完善委派调解机制的指导意见

（2020年1月15日）

为贯彻落实党的十九届四中全会精神，推进国家治理体系和治理能力现代化，深化司法体制综合配套改革，完善多元化纠纷解决机制，进一步加强和规范委派调解工作，根据《中华人民共和国民事诉讼法》《中华人民共和国行政诉讼法》《最高人民法院关于人民法院特邀调解的规定》等法律和司法解释规定，结合人民法院工作实际，提出如下指导意见。

一、指导思想。以习近平新时代中国特色社会主义思想为指导，坚持和发展新时代"枫桥经验"，完善诉源治理机制，切实把非诉讼纠纷解决机制挺在前面，满足广大人民群众多元、高效、便捷的解纷需求。坚持依法、自愿、依程序原则开展委派调解工作，不断推动完善党委领导、政府负责、民主协商、社会协同、公众参与、法治保障、科技支撑的社会治理体系，建设人人有责、人人尽责、人人享有的社会治理共同体。

二、调解范围。对于涉及民生利益的纠纷，除依法不适宜调解的，人民法院可以委派特邀调解组织或者特邀调解员开展调解。对于物业管理、交通事故赔偿、消费者权益保护、医疗损害赔偿等类型化纠纷，人民法院要发挥委派调解的示范作用，促进批量、有效化解纠纷。

三、专业解纷。人民法院应当加强与相关部门的对接，充分发挥行政机关在行政调解、行政裁决机制上的优势，发挥行业性、专业性调解组织的专业优势，发挥公证、鉴定机构和相关领域专家咨询意见的作用，为纠纷化解提供专业支持，提升委派调解专业化水平。

四、引导告知。对于当事人起诉到人民法院的纠纷，经当事人申请或者人民法院引导后当事人同意调解的，人民法院可以在登记立案前，委派特邀调解组织或者特邀调解员进行调解，并由当事人签署《委派调解告知书》。当事人不同意调解的，应在收到《委派调解告知书》时签署明确意见。人民法院收到当事人不同意委派调解的书面材料后，应当及时将案件转入诉讼程序。

五、立案管辖。委派调解案件，编立“诉前调”字号，在三日内将起诉材料转交特邀调解组织或者特邀调解员开展调解。涉及管辖权争议的，先立“诉前调”字号的法院视为最先立案的人民法院。

六、司法保障。人民法院要积极为行政机关、人民调解委员会、社会综合治理中心、矛盾纠纷调处中心以及其他接受委派的调解组织开展调解工作提供必要的司法保障。

七、鉴定评估。探索开展诉前鉴定评估。对于交通事故赔偿、医疗损害赔偿以及其他侵权责任纠纷，通过鉴定评估能够促成双方调解的，经当事人申请后特邀调解组织或者特邀调解员应当报请人民法院同意，由人民法院依程序组织鉴定或者评估。委派调解中的鉴定、评估期间，不计入委派调解的期限。

八、材料衔接。完善调解与诉讼的材料衔接机制。委派调解中已经明确告知当事人相关权利和法律后果，并经当事人同意的调解材料，经人民法院审查，符合法律及司法解释规定的，可以作为诉讼材料使用。

九、调解期限。人民法院委派调解的期限为30日。经双方当事人同意，可以延长调解期限。委派调解期限自特邀调解组织或者特邀调解员确认接收法院移交材料之日起计算。未能在期限内达成协议或者当事人明确拒绝继续调解的，应当依法及时转入诉讼程序。

十、结案报告。委派调解案件因调解不成终止的，接受委派的特邀调解员应当出具结案报告，与相关调解材料一并移交人民法院。结案报告应当载明终止调解的原因、案件争议焦点、当事人交换证据情况、无争议事实记载、导致其他当事人诉讼成本增加的行为以及其他需要向法院提示的情况等内容，对涉及的专业性问题可以在结案报告中提出明确意见。

十一、协议履行。当事人经委派调解达成调解协议的，应当遵照诚实信用原则，及时、充分履行协议约定的内容。当事人向作出委派调解的人民法院申请司法确认的，人民法院应当依法受理。

十二、惩戒机制。对于当事人滥用权利、违反诚信原则、故意阻碍调解等导致其他当事人诉讼成本增加的行为，人民法院可以酌情增加其诉讼费用的负担部分。无过错一方当事人提出赔偿诉前调解额外支出请求的，人民法院可以酌情支持。

十三、指导监督。人民法院应当指派法官指导委派调解工作，规范调解行为，提升调解质量。法官对调解过程中存在违规行为的特邀调解员，可以通过批评教育、责令改正等方式监督。特邀调解组织或者特邀调解员无法胜任职务的，人民法院应当根据有关规定将其从特邀调解名册中移除。

十四、平台建设。人民法院要加强调解平台的建设、应用和推广，加强调解平台与其他机构调解平台的对接，完善诉讼与非诉讼纠纷解决方式对接机制，实现调解案件网上办理、调解数据网上流转、调解信息网上共享，全面提升多元解纷能力。

十五、数据利用。充分利用人民法院大数据管理和服务平台、人民法院调解平台的数据资源，健全完善委派调解案件管理系统，为指导委派调解的法官业绩考评提供数据支持，为人民法院审判管理提供统计依据。强化司法大数据的监测预警功能，健全矛盾纠纷风险研判机制，为党委政府提供决策参考。

十六、激励机制。加大委派调解在绩效考评体系中的权重，细化激励机制配套细则和工作方案。对于促成当事人自动履行调解协议的调解法官、特邀调解员，通过绩效考核给予奖励激励；对于在调解工作中有显著成绩或者有其他突出事迹的调解组织和调解员，按照国家规定给予表彰奖励，并将有关工作情况作为其他各类评先评优的重要依据，最大限度调动调解法官、特邀调解组织、特邀调解员等各类调解主体的工作积极性。

十七、保障机制。积极争取当地党委和政府支持，进一步提高委派调解工作人员、场所、设施和经费等配套保障水平，加强人员培训管理。

最高人民法院关于印发《民事诉讼程序繁简分流改革试点方案》的通知

（2020 年 1 月 15 日　法〔2020〕10 号）

北京、上海、江苏、浙江、安徽、福建、山东、河南、湖北、广东、四川、贵州、云南、宁夏、陕西省（区、市）高级人民法院：

为深入贯彻党的十九大和十九届二中、三中、四中全会及中央政法工作会议精神，深化民事诉讼制度改革，推进案件繁简分流、轻重分离、快慢分道，充分保障人民群众合法诉讼权益，有效降低当事人诉讼成本，满足人民群众多元、高效、便捷的纠纷解决需求，进一步优化司法资源配置，全面促进司法公正、提升程序效能，最高人民法院制定了《民事诉讼程序繁简分流改革试点方案》，已经中央司法体制改革领导小组专题会议审议通过。第十三届全国人大常委会第十五次会议作出《全国人民代表大会常务委员会关于授权最高人民法院在部分地区开展民事诉讼程序繁简分流改革试点工作的决定》(人大常委会字〔2019〕42号)，确保重大改革措施于法有据。现将《民事诉讼程序繁简分流改革试点方案》印发给你们，请认真组织实施。实施过程中遇有问题，请及时层报最高人民法院。

民事诉讼程序繁简分流改革试点方案

为深入贯彻党的十九大和十九届二中、三中、四中全会及中央政法工作会议精神，现就推进民事诉讼程序繁简分流改革试点工作提出方案如下：

一、改革目标和基本原则

以全面提升司法质量、效率和公信力，努力让人民群众在每一个司法案件中感受到公平正义为根本目标，推动完善民事诉讼程序规则，优化司法资源配置模式，不断激发制度活力，全面提升司法效能，推动优化法治化营商环境，促进审判体系和审判能力现代化，服务国家治理体系和治理能力现代化。

(一)坚持正确政治方向。以习近平新时代中国特色社会主义思想为指导，始终坚持党对政法工作的绝对领导，坚定不移走中国特色社会主义法治道路，切实提升人民法院化解矛盾纠纷的能力水平，为国家长治久安、社会安定有序、人民安居乐业提供坚强有力的司法服务和保障。

（二）坚持以人民为中心。始终将不断满足人民群众司法需求作为出发点，积极拓宽纠纷解决渠道，完善纠纷解决方式，以为民谋利、为民尽责的实际成效取信于民。充分尊重当事人程序选择权，根据案件类型和复杂程度，适用不同的审理程序，配置相应的司法资源，优质、高效、低成本地解决矛盾纠纷，努力让司法更加亲民、诉讼更加便民、改革更加惠民，全面提升人民群众的获得感。

（三）坚持依法有序推进。严格按照法律要求和法定程序推进试点工作。涉及调整适用现行法律规定的，由立法机关作出授权决定后组织实施。对于实践证明可行的经验做法，及时总结提炼并推动上升为普遍适用的法律制度。推动顶层设计和基层探索良性互动、有机结合，实现改革系统集成、协同高效。

（四）坚持强化科技驱动。充分运用大数据、云计算、人工智能等现代科技手段破解改革难题、提升司法能力，促进语音识别、远程视频、智能辅助、电子卷宗等科技手段的深度应用，适度扩大在线诉讼的覆盖范围，推动实现审判方式、诉讼制度与互联网技术深度融合。

二、主要内容

（一）优化司法确认程序。健全特邀调解制度，加强特邀调解名册管理，完善诉前委派调解与司法确认程序的衔接机制。合理拓宽司法确认程序适用范围，经律师调解工作室（中心）等特邀调解组织、特邀调解员，或者人民调解委员会依法调解达成民事调解协议的，当事人可以按照程序要求，向人民法院申请司法确认。完善司法确认案件管辖规则，符合级别管辖和专门管辖标准的，由对应的中级人民法院和专门人民法院受理。

（二）完善小额诉讼程序。加强小额诉讼程序适用，适当提高小额诉讼案件标的额基准，明确适用小额诉讼程序的案件范围。进一步简化小额诉讼案件的审理方式和裁判文书，合理确定小额诉讼案件审理期限。完善小额诉讼程序与简易程序、普通程序的转换适用机制。

（三）完善简易程序规则。对需要进行公告送达的简单民事案件，可以适用简易程序审理。明确简易程序案件庭审和裁判文书的简化规则，完善简易程序审限规定。

（四）扩大独任制适用范围。探索基层人民法院可以由法官一人适用普通程序独任审理部分民事案件，明确适用独任制审理第一审普通程序案件的具体情形。探索中级人民法院和专门人民法院可以由法官一人独任审理部分简单民事上诉案件，明确适用独任制审理第二审民事案件的具体情形和审理方式。建立独任制与合议制的转换适用机制。

（五）健全电子诉讼规则。明确诉讼参与人通过人民法院信息化平台在线完成诉讼行为的法律效力。当事人选择以在线方式诉讼的，可以以电子化方式提交诉讼材料和证据材料，经人民法院审核通过后，可以不再提交纸质原件。经当事人同意，适用简易程序或者普通程序审理的案件，均可以采取在线视频方式开庭。明确电子送达的适用条件、适用范围和生效标准，经受送达人同意，可以采用电子方式送达判决书、裁定书、调解书。

三、试点范围和期限

（一）试点范围：北京、上海市辖区内中级人民法院、基层人民法院，南京、苏州、杭州、宁波、合肥、福州、厦门、济南、郑州、洛阳、武汉、广州、深圳、成都、贵阳、昆明、西安、银川市中级人民法院及其辖区内基层人民法院，北京、上海、广州知识产权法院，上海金融法院，北京、杭州、广州互联网法院。

（二）试点期限：试点期限为二年，自试点实施办法印发之日起算。

四、方案实施

（一）制定印发试点办法。最高人民法院制定印发民事诉讼程序繁简分流改革试点实施办法，并报全国人大常委会备案，作为推进试点工作的具体依据。

（二）积极开展试点工作。各试点法院根据全国人大常委会授权决定、试点方案和试点实施办法开展试点工作。各试点地区高级人民法院结合工作实际，制定具体实施方案和相关制度规定。最高人民法院做好试点指导工作，并适时向党中央和全国人大常委会作专题报告。

（三）推动法律修改完善。最高人民法院在全面总结试点经验和实效评估的基础上，配合全国人大常委会推动修改民事诉讼法等相关条文，配套完善相关司法解释。

五、组织保障

根据中共中央办公厅印发的《关于政法领域全面深化改革的实施意见》及其分工方案，试点工作由最高人民法院牵头推进，中央政法委、全国人大监察和司法委员会、全国人大常委会法制工作委员会、司法部等作为参加单位。最高人民法院加强对试点工作的跟踪指导、实效评估和总结验收，定期与各成员单位沟通协商，确保试点工作稳妥有序推进。

最高人民法院关于印发《民事诉讼程序繁简分流改革试点实施办法》的通知

（2020年1月15日　法〔2020〕11号）

北京、上海、江苏、浙江、安徽、福建、山东、河南、湖北、广东、四川、贵州、云南、宁夏、陕西省（区、市）高级人民法院：

为深入贯彻党的十九大和十九届二中、三中、四中全会及中央政法工作会议精神，深化民事诉讼制度改革，根据第十三届全国人大常委会第十五次会议作出的《全国人民代表大会常务委员会关于授权最高人民法院在部分地区开展民事诉讼程序繁简分流改革试点工作的决定》（人大常委会字〔2019〕42号）和最高人民法院印发的《民事诉讼程序繁简分流改革试点方案》(法〔2020〕10号),结合工作实际,最高人民法院制定了《民事诉讼程序繁简分流改革试点实施办法》。现将文件印发给你们,请认真组织实施。实施过程中遇有情况和问题,请及时层报最高人民法院。

民事诉讼程序繁简分流改革试点实施办法

为深化民事诉讼制度改革,推进案件繁简分流、轻重分离、快慢分道,进一步优化司法资源配置,全面促进司法公正,提升司法效能,满足人民群众多元、高效、便捷的纠纷解决需求,维护当事人合法诉讼权益,根据第十三届全国人民代表大会常务委员会第十五次会议作出的《全国人民代表大会常务委员会关于授权最高人民法院在部分地区开展民事诉讼程序繁简分流改革试点工作的决定》,结合审判工作实际,制定本办法。

一、一般规定

第一条 试点法院应当根据本办法,积极优化司法确认程序、小额诉讼程序和简易程序,健全审判组织适用模式,探索推行电子诉讼和在线审理机制,有效降低当事人诉讼成本,充分保障人民群众合法诉讼权益,促进司法资源与司法需求合理有效配置,全面提升司法质量、效率和公信力,努力让人民群众在每一个司法案件中感受到公平正义。

二、优化司法确认程序

第二条 人民法院应当建立特邀调解名册,按照规定的程序和条件,确定特邀调解组织和特邀调解员,并对名册进行管理。

第三条 经人民调解委员会、特邀调解组织或者特邀调解员调解达成民事调解协议的，双方当事人可以自调解协议生效之日起三十日内共同向人民法院申请司法确认。

第四条 司法确认案件按照以下规定依次确定管辖：

（一）委派调解的，由作出委派的人民法院管辖；

（二）当事人选择由人民调解委员会或者特邀调解组织调解的，由调解组织所在地基层人民法院管辖；当事人选择由特邀调解员调解的，由调解协议签订地基层人民法院管辖。

案件符合级别管辖或者专门管辖标准的，由对应的中级人民法院或者专门人民法院管辖。

三、完善小额诉讼程序

第五条 基层人民法院审理的事实清楚、权利义务关系明确、争议不大的简单金钱给付类案件，标的额为人民币五万元以下的，适用小额诉讼程序，实行一审终审。

标的额超出前款规定，但在人民币五万元以上、十万元以下的简单金钱给付类案件，当事人双方约定适用小额诉讼程序的，可以适用小额诉讼程序审理。

适用小额诉讼程序审理的案件，人民法院应当向当事人告知审判组织、审理期限、审理方式、一审终审等相关事项。

第六条 下列案件，不适用小额诉讼程序审理：

（一）人身关系、财产确权纠纷；

（二）涉外民事纠纷；

（三）需要评估、鉴定或者对诉前评估、鉴定结果有异议的纠纷；

（四）一方当事人下落不明的纠纷；

（五）其他不宜适用小额诉讼程序审理的纠纷。

第七条 适用小额诉讼程序审理的案件，经人民法院告知放弃答辩期间、举证期限的法律后果后，当事人明确表示放弃的，人民法院可以直接开庭审理。

当事人明确表示不放弃答辩期间的，人民法院可以在征得其同意的基础上，合理确定答辩期间，但一般不超过七日。

当事人明确表示不放弃举证期限的，可以由当事人自行约定举证期限或者由人民法院指定举证期限，但一般不超过七日。

第八条 适用小额诉讼程序审理的案件，可以比照简易程序进一步简化传唤、送达、证据交换的方式，但不得减损当事人答辩、举证、质证、陈述、辩论等诉讼权利。

适用小额诉讼程序审理的案件，庭审可以不受法庭调查、法庭辩论等庭审程序限制，直接围绕诉讼请求或者案件要素进行，原则上应当一次开庭审结，但人民法院认为确有必要再次开庭的除外。

第九条 适用小额诉讼程序审理的案件，可以比照简易程序进一步简化裁判文书，主要记载当事人基本信息、诉讼请求、答辩意见、主要事实、简要裁判理由、裁判依据、裁判主文和一审终审的告知等内容。

对于案情简单、法律适用明确的案件，法官可以当庭作出裁判并说明裁判理由。对于当庭裁判的案件，裁判过程经庭审录音录像或者庭审笔录完整记录的，人民法院在制作裁判文书时可以不再载明裁判理由。

第十条 适用小额诉讼程序审理的案件，应当在立案之日起两个月内审结，有特殊情况需要延长的，经本院院长批准，可以延长一个月。

第十一条 适用小额诉讼程序审理的案件，出现下列情形之一，符合适用简易程序审理条件的，裁定转为简易程序审理：

（一）当事人认为案件不符合本办法第五条、第六条关于小额诉讼程序适用条件的规定，向人民法院提出异议，经审查认为异议成立的；

（二）当事人申请增加或者变更诉讼请求、追加当事人，致使案件标的额在人民币五万元以上、十万元以下，且一方当事人不同意继续适用小额诉讼程序的；

（三）当事人申请增加或者变更诉讼请求、追加当事人，致使案件标的额在人民币十万元以上或者不符合小额诉讼程序适用条件的；

（四）当事人提出反诉的；

（五）需要鉴定、评估、审计的；

（六）其他不宜继续适用小额诉讼程序的情形。

适用小额诉讼程序审理的案件，审理中发现案情疑难复杂，并且不适宜适用简易程序审理的，裁定转为普通程序审理。由小额诉讼程序转为简易程序审理的案件，一般不得再转为普通程序审理，但确有必要的除外。

适用小额诉讼程序审理的案件，转为简易程序或者普通程序审理前，双方当事人已确认的事实，可以不再举证、质证。

四、完善简易程序规则

第十二条 事实清楚、权利义务关系明确的简单案件，需要公告送达的，可以适用简易程序审理。

第十三条 适用简易程序审理的案件，人民法院可以根据案件情况，采取下列方式简化庭审程序，但应当保障当事人答辩、举证、质证、陈述、辩论等诉讼权利：

（一）开庭前已经通过庭前会议或者其他方式完成当事人身份核实、权利义务告知、庭审纪律宣示的，开庭时可以不再重复；

（二）经庭前会议笔录记载的无争议事实和证据，可以不再举证、质证；

（三）庭审可以直接围绕诉讼请求或者案件要素进行。

第十四条 适用简易程序审理的案件，人民法院可以采取下列方式简化裁判文书：

（一）对于能够概括出案件固定要素的，可以根据案件要素载明原告、被告意见、证据和法院认定理由、依据及裁判结果；

（二）对于一方当事人明确表示承认对方全部或者主要诉讼请求的、当事人对案件事实没有争议或者争议不大的，裁判文书可以只包含当事人基本信息、诉讼请求、答辩意见、主要事实、简要裁判理由、裁判依据和裁判主文。

简化后的裁判文书应当包含诉讼费用负担、告知当事人上诉权利等必要内容。

第十五条 人民法院适用简易程序审理的案件，应当在立案之日起三个月内审结。有特殊情况需要延长的，经本院院长批准，可以延长一个月。

五、扩大独任制适用范围

第十六条 基层人民法院适用小额诉讼程序、简易程序审理的案件，由法官一人独任审理。

基层人民法院审理的事实不易查明，但法律适用明确的案件，可以由法官一人适用普通程序独任审理。

第十七条 基层人民法院审理的案件，具备下列情形之一的，应当依法组成合议庭，适用普通程序审理：

（一）涉及国家利益、公共利益的；

（二）涉及群体性纠纷，可能影响社会稳定的；

（三）产生较大社会影响，人民群众广泛关注的；

（四）新类型或者疑难复杂的；

（五）与本院或者上级人民法院已经生效的类案判决可能发生冲突的；

（六）发回重审的；

（七）适用审判监督程序的；

（八）第三人起诉请求改变或者撤销生效判决、裁定、调解书的；

（九）其他不宜采用独任制的案件。

第十八条 第二审人民法院审理上诉案件应当组成合议庭审理。但事实清楚、法律适用明确的下列案件，可以由法官一人独任审理：

（一）第一审适用简易程序审理结案的；

（二）不服民事裁定的。

第十九条 由法官一人独任审理的第一审或者第二审案件，审理过程中出现本办法第十七条第（一）至（五）项或者第（九）项所列情形之一的，人民法院应当裁定组成合议庭审理，并将合议庭组成人员及相关事项书面通知双方当事人。

由独任审理转为合议庭审理的案件，审理期限自人民法院立案之日起计算，已经作出的诉讼行为继续有效。双方当事人已确认的事实，可以不再举证、质证。

第二十条 由法官一人独任审理的上诉案件，应当开庭审理。

没有提出新的事实、证据的案件，具备下列情形之一的，独任法官经过阅卷、调查或者询问当事人，认为不需要开庭的，可以不开庭审理：

（一）不服民事裁定的；

（二）上诉请求明显不能成立的；

（三）原判决认定事实清楚，但适用法律明显错误的；

（四）原判决严重违反法定程序，需要发回重审的。

六、健全电子诉讼规则

第二十一条 人民法院、当事人及其他诉讼参与人可以通过信息化诉讼平台在线开展诉讼活动。诉讼主体的在线诉讼活动，与线下诉讼活动具有同等效力。

人民法院根据技术条件、案件情况和当事人意愿等因素，决定是否采取在线方式完成相关诉讼环节。

第二十二条 当事人及其他诉讼参与人以电子化方式提交的诉讼材料和证据材料，经人民法院审核通过后，可以直接在诉讼中使用，不再提交纸质原件。人民法院根据对方当事人申请或者案件审理需要，要求提供原件的，当事人应当提供。

第二十三条 人民法院开庭审理案件，可以采取在线视频方式，但符合下列情形之一的，不适用在线庭审：

（一）双方当事人明确表示不同意，或者一方当事人表示不同意且有正当理由的；

（二）双方当事人均不具备参与在线庭审的技术条件和能力的；

（三）需要现场查明身份、核对原件、查验实物的；

（四）人民法院认为存在其他不宜适用在线庭审情形的。

仅一方当事人选择在线庭审的，人民法院可以根据案件情况，采用一方当事人在线、另一方当事人线下的方式开庭。

采用在线庭审方式审理的案件，审理过程中出现上述情形之一的，人民法院应当将案件转为线下开庭方式审理。已完成的在线庭审活动具有法律效力。

第二十四条 经受送达人同意，人民法院可以通过中国审判流程信息公开网、全国统一送达平台、传真、电子邮件、即时通讯账号等电子方式送达诉讼文书和当事人提交的证据材料。

具备下列情形之一的，人民法院可以确定受送达人同意电子送达：

（一）受送达人明确表示同意的；

（二）受送达人对在诉讼中适用电子送达已作出过约定的；

（三）受送达人在提交的起诉状、答辩状中主动提供用于接收送达的电子地址的；

（四）受送达人通过回复收悉、参加诉讼等方式接受已经完成的电子送达，并且未明确表示不同意电子送达的。

第二十五条 经受送达人明确表示同意，人民法院可以电子送达判决书、裁定书、调解书等裁判文书。当事人提出需要纸质裁判文书的，人民法院应当提供。

第二十六条 人民法院向受送达人主动提供或者确认的电子地址进行送达的，送达信息到达电子地址所在系统时，即为送达。

受送达人同意电子送达但未主动提供或者确认电子地址，人民法院向能够获取的受送达人电子地址进行送达的，根据下列情形确定是否完成送达：

（一）受送达人回复已收到送达材料，或者根据送达内容作出相应诉讼行为的，视为完成有效送达；

（二）受送达人的电子地址所在系统反馈受送达人已阅知，或者有其他证据可以证明受送达人已经收悉的，推定完成有效送达，但受送达人能够证明存在系统错误、送达地址非本人使用或者非本人阅知等未收悉送达内容的情形除外。

完成有效送达的，人民法院应当制作电子送达凭证。电子送达凭证具有送达回证效力。

七、附　　则

第二十七条 本办法仅适用于北京、上海市辖区内中级人民法院、基层人民法院，南京、苏州、杭州、宁波、合肥、福州、厦门、济南、郑州、洛阳、武汉、广州、深圳、成都、贵阳、昆明、西安、银川市中级人民法院及其辖区内基层人民法院，北京、上海、广州知识产权法院，上海金融法院，北京、杭州、广州互联网法院。

本办法所称的人民法院，是指纳入试点的人民法院；所称的第二审人民法院，包括纳入试点的中级人民法院、知识产权法院和金融法院；所称的中级人民法院、基层人民法院包括试点地区内的铁路运输中级法院和基层法院。

第二十八条 试点地区高级人民法院根据本办法，结合工作实际,制定具体实施方案和相关制度规定,并于 2020 年 2 月 10 日前报最高人民法院备案。

试点地区高级人民法院在制定实施方案、修订现有规范、做好机制衔接的前提下,组织试点法院自本法印发之日起全面启动试点工作,试点时间二年。2021 年 1 月 1 日前,试点地区高级人民法院应当形成试点工作中期报告报最高人民法院。

第二十九条 本办法由最高人民法院负责解释。

第三十条 本办法报全国人民代表大会常务委员会备案,自发布之日起实施;之前有关民事诉讼制度规定与本办法不一致的,按照本办法执行。

附：

2020 年 1 月份报国务院备案并予以登记的地方性法规、自治条例、单行条例和地方政府规章目录

地方性法规

法规名称	公布日期	备案登记编号
内蒙古自治区人民代表大会常务委员会关于废止《内蒙古自治区外商投资企业工会条例》等 5 件地方性法规的决定	2019 年 5 月 31 日	国司备字［2020001357］
内蒙古自治区农作物种子条例	2019 年 5 月 31 日	国司备字［2020001359］
内蒙古自治区人民代表大会常务委员会关于修改《内蒙古自治区人民代表大会常务委员会讨论决定重大事项的规定》的决定	2019 年 5 月 31 日	国司备字［2020001360］
内蒙古自治区国防动员条例	2019 年 8 月 1 日	国司备字［2020001361］
内蒙古自治区人民代表大会常务委员会关于修改《内蒙古自治区城乡规划条例》等 3 件地方性法规的决定	2019 年 5 月 31 日	国司备字［2020001494］
包头市永久基本农田保护条例	2019 年 6 月 28 日	国司备字［2020001358］
包头市禁牧休牧条例	2019 年 8 月 28 日	国司备字［2020001362］
通辽市蒙古族音乐类非物质文化遗产保护条例	2019 年 1 月 25 日	国司备字［2020001351］
赤峰市扬尘污染防治条例	2019 年 8 月 27 日	国司备字［2020001363］

续表

法规名称	公布日期	备案登记编号
乌兰察布市辉腾锡勒草原保护条例	2019 年 7 月 15 日	国司备字〔2020001355〕
鄂尔多斯市大气污染防治条例	2019 年 9 月 3 日	国司备字〔2020001364〕
巴彦淖尔市大气污染防治条例	2019 年 8 月 23 日	国司备字〔2020001352〕
江苏省宗教事务条例	2019 年 11 月 29 日	国司备字〔2020001310〕
苏州市生活垃圾分类管理条例	2019 年 12 月 9 日	国司备字〔2020001306〕
无锡市旅游市场条例	2019 年 12 月 9 日	国司备字〔2020001309〕
徐州市安全生产条例	2019 年 12 月 12 日	国司备字〔2020001308〕
常州市道路交通安全条例	2019 年 12 月 9 日	国司备字〔2020001307〕
扬州市文明行为促进条例	2019 年 12 月 9 日	国司备字〔2020001302〕
镇江市历史文化名城保护条例	2019 年 12 月 11 日	国司备字〔2020001301〕
连云港市乡村清洁条例	2019 年 12 月 10 日	国司备字〔2020001305〕
淮安市人民代表大会常务委员会关于修改《淮安市古淮河保护条例》的决定	2019 年 12 月 12 日	国司备字〔2020001303〕
淮安市住宅物业管理条例	2019 年 12 月 12 日	国司备字〔2020001304〕
宿迁市扬尘污染防治条例	2019 年 12 月 11 日	国司备字〔2020001300〕
安徽省志愿服务条例	2019 年 12 月 2 日	国司备字〔2020001332〕

续表

法规名称	公布日期	备案登记编号
阜阳市城市市容和环境卫生管理条例	2019年12月18日	国司备字［2020001330］
池州市海绵城市建设和管理条例	2019年12月12日	国司备字［2020001327］
安庆市实施林长制条例	2019年12月12日	国司备字［2020001326］
芜湖市居家养老服务条例	2019年12月19日	国司备字［2020001328］
淮北市文明行为促进条例	2019年12月23日	国司备字［2020001331］
六安市物业管理条例	2019年12月18日	国司备字［2020001329］
江西省旅游者权益保护条例	2019年11月27日	国司备字［2020001370］
江西省中医药条例	2019年11月27日	国司备字［2020001371］
湖北省人民代表大会常务委员会关于集中修改、废止部分省本级地方性法规的决定	2019年11月29日	国司备字［2020001314］
恩施土家族苗族自治州传统村落和民族村寨保护条例	2019年12月2日	国司备字［2020001315］
长沙市湿地保护条例	2019年12月12日	国司备字［2020001338］
衡阳市爱国卫生条例	2019年12月6日	国司备字［2020001339］
衡阳市三江六岸滨水区域规划条例	2019年12月6日	国司备字［2020001340］
常德市西洞庭湖国际重要湿地保护条例	2019年12月10日	国司备字［2020001377］
郴州市城区农贸市场管理条例	2019年12月4日	国司备字［2020001337］

续表

法规名称	公布日期	备案登记编号
张家界市爱国卫生条例	2019 年 4 月 8 日	国司备字［2020001292］
广东省人民代表大会常务委员会关于修改《广东省水利工程管理条例》等十六项地方性法规的决定	2019 年 11 月 29 日	国司备字［2020001289］
广州市母乳喂养促进条例	2019 年 12 月 3 日	国司备字［2020001334］
广州市人民代表大会常务委员会关于废止《广州市人才市场管理条例》的决定	2019 年 10 月 9 日	国司备字［2020001466］
广州市人民代表大会常务委员会关于废止《广州市传染病防治规定》的决定	2019 年 10 月 9 日	国司备字［2020001467］
广州市人民代表大会常务委员会关于废止《广州市劳动力市场管理条例》的决定	2019 年 10 月 9 日	国司备字［2020001468］
深圳市人民代表大会常务委员会关于修改《深圳市市、区人民代表大会常务委员会执法检查条例》等六项法规的决定	2019 年 10 月 14 日	国司备字［2020001388］
珠海经济特区防台风条例	2019 年 11 月 29 日	国司备字［2020001316］
汕头经济特区城市公共汽车交通条例	2019 年 12 月 30 日	国司备字［2020001430］
汕头市人民代表大会常务委员会关于促进和保障农村学前教育普惠健康规范发展的决定	2019 年 12 月 30 日	国司备字［2020001455］
清远市实施《中华人民共和国大气污染防治法》办法	2019 年 12 月 9 日	国司备字［2020001454］
肇庆市文明行为促进条例	2019 年 11 月 30 日	国司备字［2020001407］
汕尾市山体保护条例	2019 年 12 月 5 日	国司备字［2020001387］
海南省人民代表大会常务委员会关于修改《海南经济特区海岸带保护与开发管理规定》的决定	2019 年 12 月 31 日	国司备字［2020001426］

续表

法规名称	公布日期	备案登记编号
海口市人民代表大会常务委员会关于市人民政府机构改革涉及本市地方性法规规定的行政机关职责调整问题的决定	2020 年 1 月 3 日	国司备字［2020001483］
重庆市人民代表大会常务委员会关于废止《重庆市盐业管理条例》等两部地方性法规的决定	2019 年 11 月 29 日	国司备字［2020001288］
重庆市物业管理条例	2019 年 11 月 29 日	国司备字［2020001290］
重庆市农业机械化促进条例	2019 年 11 月 29 日	国司备字［2020001291］
重庆市人民代表大会常务委员会关于修改《重庆市司法鉴定条例》等两部地方性法规的决定	2019 年 11 月 29 日	国司备字［2020001320］
重庆市人民代表大会常务委员会关于重庆高新技术产业开发区行政管理事项的决定	2019 年 12 月 24 日	国司备字［2020001482］
昆明市人民代表大会常务委员会关于修改《昆明市城市市容和环境卫生管理条例》的决定	2019 年 12 月 9 日	国司备字［2020001439］
昆明市客运出租汽车管理条例	2019 年 12 月 9 日	国司备字［2020001440］
曲靖市集中式饮用水水源地保护条例	2019 年 12 月 2 日	国司备字［2020001441］
丽江市泸沽湖保护条例	2019 年 12 月 5 日	国司备字［2020001442］
红河哈尼族彝族自治州大屯海长桥海三角海保护管理条例	2019 年 12 月 12 日	国司备字［2020001493］
日喀则市"门前三包"责任制管理条例	2019 年 12 月 1 日	国司备字［2020001474］
林芝市生态公益林保护条例	2019 年 12 月 5 日	国司备字［2020001475］

续表

法规名称	公布日期	备案登记编号
兰州市大气污染防治条例	2019 年 12 月 11 日	国司备字［2020001447］
兰州市城乡规划条例	2019 年 12 月 11 日	国司备字［2020001448］
武威市城市社会生活噪声污染防治条例	2019 年 12 月 30 日	国司备字［2020001478］
甘肃省甘南藏族自治州大气污染防治条例	2019 年 12 月 20 日	国司备字［2020001479］
青海省高速公路条例	2019 年 11 月 28 日	国司备字［2020001341］
海东市全民义务植树条例	2019 年 12 月 11 日	国司备字［2020001345］
海东市绿色宜居城市建设促进条例	2019 年 12 月 11 日	国司备字［2020001346］
新疆维吾尔自治区地质灾害防治条例	2019 年 11 月 29 日	国司备字［2020001419］
乌鲁木齐市邮政管理条例	2019 年 12 月 24 日	国司备字［2020001417］
昌吉回族自治州城乡人居环境绿化条例	2019 年 12 月 20 日	国司备字［2020001416］
博尔塔拉蒙古自治州赛里木湖保护条例	2019 年 11 月 30 日	国司备字［2020001415］
哈密市水资源保护条例	2019 年 12 月 20 日	国司备字［2020001418］

自治县、自治旗的单行条例

条例名称	公布日期	备案登记编号
莫力达瓦达斡尔族自治旗人民代表大会关于废止《莫力达瓦达斡尔族自治旗尼尔基水利枢纽工程移民安置条例》等5部单行条例的决定	2019年5月5日	国司备字［2020001354］
甘肃省肃北蒙古族自治县农村公路条例	2019年12月20日	国司备字［2020001438］
甘肃省肃南裕固族自治县教育条例	2019年12月20日	国司备字［2020001437］

地方政府规章

规章名称	公布日期	备案登记编号
河北省政府规章制定办法	2019年12月15日	国司备字［2020001333］
河北省重大行政决策程序暂行办法	2019年12月31日	国司备字［2020001391］
石家庄市人民政府关于废止和修改部分市政府规章的决定	2019年12月23日	国司备字［2020001378］
廊坊市人民政府关于修改《廊坊市烟花爆竹安全管理办法》等2件政府规章的决定	2019年12月31日	国司备字［2020001389］
廊坊市物业管理办法修正案	2019年12月31日	国司备字［2020001390］
山西省消防安全责任制实施办法	2020年1月2日	国司备字［2020001473］
内蒙古自治区气象设施和气象探测环境保护办法	2019年12月17日	国司备字［2020001380］

续表

规章名称	公布日期	备案登记编号
内蒙古自治区人民政府拟定地方性法规草案和制定政府规章程序规定	2019 年 12 月 15 日	国司备字［2020001486］
沈阳市人民政府关于废止《沈阳市事业单位工作人员养老保险办法》等部分政府规章的决定	2019 年 10 月 24 日	国司备字［2020001381］
本溪市人民政府关于废止部分市政府规章的决定	2019 年 11 月 26 日	国司备字［2020001350］
本溪市无障碍环境建设管理办法	2019 年 12 月 25 日	国司备字［2020001434］
营口市人民政府关于修改《营口市人民政府起草地方性法规草案和制定政府规章程序规定》的决定	2019 年 11 月 22 日	国司备字［2020001293］
吉林省地图管理办法	2019 年 12 月 12 日	国司备字［2020001379］
吉林省人民政府关于修改和废止部分省政府规章的决定	2019 年 12 月 17 日	国司备字［2020001485］
长春市城市建筑垃圾管理办法	2019 年 12 月 26 日	国司备字［2020001385］
长春市城市排水与污水处理管理办法（修订）	2019 年 12 月 26 日	国司备字［2020001422］
黑龙江省营商环境监督办法	2019 年 12 月 30 日	国司备字［2020001425］
上海市人民政府关于修改《上海市共有产权保障住房管理办法》的决定	2019 年 12 月 9 日	国司备字［2020001395］
上海市民间收藏文物经营管理办法	2019 年 12 月 25 日	国司备字［2020001396］
江苏省缺陷消费品召回管理办法	2019 年 12 月 25 日	国司备字［2020001408］
江苏省内部审计工作规定	2019 年 12 月 25 日	国司备字［2020001409］

续表

规章名称	公布日期	备案登记编号
南京市婴幼儿托育机构管理办法	2019 年 12 月 24 日	国司备字［2020001323］
南京市建筑垃圾资源化利用管理办法	2019 年 12 月 24 日	国司备字［2020001324］
徐州市人民政府关于废止和修改部分市政府规章的决定	2019 年 10 月 29 日	国司备字［2020001449］
徐州市户外广告和招牌设置管理办法	2019 年 12 月 20 日	国司备字［2020001450］
南通市市区扬尘污染防治管理办法	2019 年 12 月 30 日	国司备字［2020001411］
盐城市养犬管理办法	2019 年 12 月 20 日	国司备字［2020001336］
泰州市人民政府关于修改《泰州市房屋安全管理条例实施细则》《泰州市户外广告设施管理办法》的决定	2019 年 11 月 21 日	国司备字［2020001319］
淮南市人民政府关于废止和修改部分规章的决定	2019 年 12 月 19 日	国司备字［2020001392］
合肥市劳动模范评选和管理办法	2019 年 12 月 29 日	国司备字［2020001431］
合肥市人民政府关于修改《合肥市户外广告和招牌设置管理办法》等政府规章的决定	2019 年 12 月 31 日	国司备字［2020001453］
滁州市爱国卫生工作管理办法	2019 年 12 月 19 日	国司备字［2020001365］
铜陵市餐厨垃圾管理办法	2019 年 12 月 15 日	国司备字［2020001428］
铜陵市建筑垃圾管理办法	2019 年 12 月 15 日	国司备字［2020001429］
马鞍山市集体土地征收补偿安置办法	2019 年 3 月 15 日	国司备字［2020001414］

续表

规章名称	公布日期	备案登记编号
黄山市林长制规定	2019 年 12 月 20 日	国司备字［2020001446］
厦门市民用无人驾驶航空器公共安全管理办法	2020 年 1 月 3 日	国司备字［2020001490］
江西省人民政府关于修改《江西省残疾人就业办法》等 43 件省政府规章的决定	2019 年 9 月 29 日	国司备字［2020001382］
江西省专职消防救援队和志愿消防救援队建设管理办法	2020 年 1 月 9 日	国司备字［2020001451］
山东省畜禽屠宰管理办法	2019 年 12 月 25 日	国司备字［2020001348］
山东省非道路移动机械排气污染防治规定	2019 年 12 月 25 日	国司备字［2020001353］
山东省无障碍环境建设办法	2019 年 3 月 10 日	国司备字［2020001356］
青岛市重大行政决策程序规定	2019 年 11 月 30 日	国司备字［2020001295］
青岛市人民政府关于修改《关于向平度市下放市级行政管理权限的决定》等 2 件政府规章的决定	2019 年 9 月 17 日	国司备字［2020001296］
青岛市生活垃圾分类管理办法	2019 年 12 月 5 日	国司备字［2020001313］
崂山省级自然保护区管理办法	2019 年 12 月 20 日	国司备字［2020001372］
青岛市人民政府关于修改《青岛市网络预约出租汽车经营服务管理暂行办法》的决定	2019 年 12 月 18 日	国司备字［2020001373］
淄博市人民政府关于修改《淄博人民公园管理规定》等 8 件政府规章的决定	2019 年 12 月 2 日	国司备字［2020001311］
淄博市人民政府关于修改《淄博市国有土地储备办法》的决定	2019 年 12 月 27 日	国司备字［2020001383］

续表

规章名称	公布日期	备案登记编号
东营市燃气管理办法	2019 年 12 月 31 日	国司备字［2020001423］
东营市房地产开发经营管理办法	2019 年 12 月 31 日	国司备字［2020001424］
潍坊市公共健身设施管理办法	2019 年 12 月 31 日	国司备字［2020001427］
潍坊市市区公共自行车系统管理办法	2019 年 12 月 31 日	国司备字［2020001471］
枣庄市城镇容貌和环境卫生管理办法	2019 年 12 月 17 日	国司备字［2020001460］
枣庄市人民政府关于将市级建设项目规划行政许可权委托区级实施的决定	2019 年 12 月 12 日	国司备字［2020001461］
日照市人民政府关于修改《日照市城乡消防水源设施管理规定》的决定	2019 年 12 月 28 日	国司备字［2020001412］
日照市政府专职消防队伍管理办法	2019 年 12 月 30 日	国司备字［2020001413］
日照市停车管理办法	2020 年 1 月 7 日	国司备字［2020001484］
滨州市烟花爆竹燃放管理办法	2019 年 12 月 17 日	国司备字［2020001325］
湖北省人民政府关于废止部分政府规章的决定	2019 年 12 月 23 日	国司备字［2020001457］
湖北省餐厨垃圾管理办法	2019 年 12 月 23 日	国司备字［2020001458］
湖北省地方标准管理办法	2019 年 12 月 23 日	国司备字［2020001459］
黄冈市政府立法工作规定	2019 年 12 月 25 日	国司备字［2020001376］
湖南省人民防空工程建设与维护管理规定	2019 年 12 月 2 日	国司备字［2020001374］

续表

规章名称	公布日期	备案登记编号
湖南省女职工劳动保护特别规定	2019 年 12 月 9 日	国司备字［2020001375］
湖南省农村住房建设管理办法	2019 年 12 月 17 日	国司备字［2020001462］
广东省人民政府关于废止和修改部分省政府规章的决定	2019 年 12 月 5 日	国司备字［2020001476］
珠海经济特区城市道路清扫保洁管理办法	2019 年 12 月 23 日	国司备字［2020001384］
珠海经济特区互联网租赁自行车管理办法	2019 年 12 月 23 日	国司备字［2020001386］
汕头市人民政府关于将一批市级行政职权和行政管理事项下放由区(县)实施的决定	2019 年 12 月 5 日	国司备字［2020001347］
汕头经济特区城市建设用地使用性质和容积率规划管理办法	2019 年 12 月 31 日	国司备字［2020001480］
佛山市人民政府关于修改《佛山市城市市容和环境卫生管理规定》等 4 部规章的决定	2019 年 12 月 20 日	国司备字［2020001367］
韶关市节约用水办法	2019 年 12 月 18 日	国司备字［2020001335］
江门市人民政府关于废止《江门市海上丝绸之路文化遗产保护办法》的决定	2019 年 12 月 25 日	国司备字［2020001400］
湛江市渡口渡船安全管理实施办法	2019 年 12 月 13 日	国司备字［2020001405］
湛江市既有住宅增设电梯暂行办法	2019 年 12 月 7 日	国司备字［2020001406］
云浮市电力设施建设与保护办法	2019 年 12 月 24 日	国司备字［2020001433］
广西壮族自治区最低生活保障办法	2020 年 1 月 9 日	国司备字［2020001481］
桂林市城区三轮车与电动四轮车管理办法	2019 年 12 月 30 日	国司备字［2020001452］

续表

规章名称	公布日期	备案登记编号
来宾市规章制定办法	2019 年 1 月 16 日	国司备字［2020001294］
四川省中小学校食品安全管理办法	2019 年 12 月 31 日	国司备字［2020001397］
成都市人民政府关于废止《成都市排污权交易管理规定》的决定	2019 年 12 月 19 日	国司备字［2020001401］
泸州市机场净空及电磁环境保护管理办法	2019 年 12 月 23 日	国司备字［2020001312］
海口市地下综合管线管理办法	2019 年 12 月 16 日	国司备字［2020001463］
拉萨市行政规范性文件制定和监督管理办法	2019 年 12 月 9 日	国司备字［2020001297］
拉萨市人民政府关于修改《拉萨市野生鱼类保护办法》的决定	2019 年 11 月 8 日	国司备字［2020001349］
甘肃省人民政府关于修改《甘肃省城市市容和环境卫生管理办法》等 5 件政府规章的决定	2019 年 12 月 23 日	国司备字［2020001445］
酒泉市人民政府重大行政决策程序规定	2019 年 12 月 13 日	国司备字［2020001404］
庆阳市人民政府拟定地方性法规草案和制定政府规章程序规定	2019 年 12 月 27 日	国司备字［2020001491］
庆阳市人民政府重大行政决策程序规定	2019 年 12 月 30 日	国司备字［2020001492］
西宁市河长制湖长制规定	2019 年 12 月 6 日	国司备字［2020001398］
西宁市客运治安管理办法	2019 年 12 月 12 日	国司备字［2020001399］
海东市市容和环境卫生管理办法	2019 年 12 月 31 日	国司备字［2020001402］

续表

规章名称	公布日期	备案登记编号
海东市户外广告设施设置管理办法	2019 年 12 月 31 日	国司备字［2020001403］
中卫市养犬管理办法(试行)	2019 年 12 月 20 日	国司备字［2020001420］
宁夏回族自治区人民政府关于废止和修改部分政府规章的决定	2019 年 12 月 4 日	国司备字［2020001470］
宁夏回族自治区国家赔偿费用管理办法	2020 年 1 月 9 日	国司备字［2020001487］
宁夏回族自治区危险化学品安全管理办法	2019 年 12 月 31 日	国司备字［2020001488］
宁夏回族自治区治理货运车辆超限超载办法	2020 年 1 月 9 日	国司备字［2020001489］
新疆维吾尔自治区人民政府行政立法工作规定	2019 年 12 月 17 日	国司备字［2020001456］
新疆维吾尔自治区实施《城市绿化条例》办法	2019 年 12 月 17 日	国司备字［2020001464］
新疆维吾尔自治区规范行政裁量权办法	2019 年 12 月 17 日	国司备字［2020001465］

图书在版编目(CIP)数据

中华人民共和国新法规汇编. 2020年. 第2辑: 总第276辑/司法部编. —北京: 中国法制出版社, 2020.3

ISBN 978-7-5216-0929-5

Ⅰ. ①中… Ⅱ. ①司… Ⅲ. ①法规-汇编-中国-2020 Ⅳ. ①D920.9

中国版本图书馆CIP数据核字(2020)第034124号

中华人民共和国新法规汇编

ZHONGHUA RENMIN GONGHEGUO XIN FAGUI HUIBIAN

(2020年第2辑)

编者/司法部

经销/新华书店

印刷/三河市紫恒印装有限公司

开本/850毫米×1168毫米 32开 印张/8.625 字数/185千

版次/2020年4月第1版 2020年4月第1次印刷

中国法制出版社出版

书号 ISBN 978-7-5216-0929-5 定价: 18.00元

北京西单横二条2号

邮政编码 100031 传真: 010-66031119

网址: http://www.zgfzs.com **编辑部电话: 010-66066621**

市场营销部电话: 010-66033393 **邮购部电话: 010-66033288**

(如有印装质量问题,请与本社印务部联系调换。电话: 010-66032926)